Anthony de Mello

Warum der Schäfer jedes Wetter liebt

HERDER / SPEKTRUM
Band 4523

Das Buch

Minutenlektüre, die es in sich hat! Sie ist – bei vorurteilslosem und ehrlichem Gebrauch – dazu geeignet, alle Vorstellungen, die wir über uns selbst haben, auf den Kopf zu stellen. Sie macht uns bereit, Verständnis zu haben für eigene und fremde Schwächen und Fehler. Spielerisch, voller Witz und Weisheit erzählt Anthony de Mello „Geschichten für das richtige Leben", die er in allen Kulturen und Religionen fand. De Mello entdeckt für Leserinnen und Leser das Wesentliche auch im Alltäglichen – und hat für die Frage nach dem Sinn keine vorgefertigte Antwort, sondern regt mit seinen Geschichten an zum Nachdenken. Nicht die Lösungen anderer übernehmen, sondern selber welche entdecken. „De Mello beherrscht die Gabe, eine Geschichte auf das Wesentliche zu verkürzen, meisterhaft; ein einziger Satz ersetzt Erklärungen und überkommene Einsichten" (*Bayerischer Rundfunk*). Er vermittelt Selbsterkenntnis: voller Leichtigkeit und Tiefe.

Der Autor

Anthony de Mello, geb. 1931 in Bombay/Indien, Eintritt in den Jesuitenorden, Studium von Philosophie, Theologie und Psychologie in Barcelona, Poona, Chicago und Rom. Weltweit bekannter Exerzitienmeister. Bis zu seinem Tod 1987 leitete er ein pastorales Beratungs- und Ausbildungszentrum in Lonavla in Indien. Außerdem bei Herder/Spektrum: Warum der Vogel singt, Band 4149; Wer bringt das Pferd zum Fliegen, Band 4303; Zeiten des Glücks, Band 4330; Eine Minute Unsinn, Band 4379; Wie ein Fisch im Wasser, Band 4459.

Anthony de Mello

Warum der Schäfer jedes Wetter liebt

Weisheitsgeschichten

Herder
Freiburg · Basel · Wien

Gedruckt auf umweltfreundlichem,
chlorfrei gebleichtem Papier

Titel der Originalausgabe: The Prayer of the Frog

Übertragung ins Deutsche: Ursula Schottelius

Herstellung: Freiburger Graphische Betriebe 1996
Umschlaggestaltung: Joseph Pölzelbauer
Umschlagmotiv: © Root Leeb
ISBN 3-451-04523-0

Ein Wort zuvor

Rätselhaft ist das menschliche Herz: es verlangt nach Wahrheit, nur in ihr kann es Befreiung und Entzükken finden, und doch reagieren die Menschen zunächst auf die Wahrheit mit Feindseligkeit und Furcht. Daher haben die geistlichen Lehrer der Menschheit, wie Buddha und Jesus einen Weg gefunden, um den inneren Widerstand ihrer Zuhörer zu umgehen: *die Geschichte*. Sie wußten, die bezwingendsten Worte in jeder Sprache lauten: „Es war einmal ..." und mag es auch üblich sein, der Wahrheit zu widerstehen, so ist es doch unmöglich, sich gegen eine Geschichte zur Wehr zu setzen.

Vyasa, Autor des Mahabharata, sagt, wer einer Geschichte aufmerksam lausche, wird nie mehr der gleiche sein wie zuvor, weil die Geschichte sich in sein Herz hineinschlängeln wird und die Schranken vor dem Göttlichen niederreißt. Auch wenn man die Geschichten dieses Buches nur zur Unterhaltung liest, ist doch keine Gewähr gegeben, daß nicht dann und wann eine von ihnen durch die Verteidigungslinien schlüpft und wie eine Mine hochgeht, gerade dann, wenn man es am wenigsten erwartet. Man sei also gewarnt!

Wer tollkühn genug ist, sich um Erleuchtung zu bemühen, dem schlage ich folgendes vor:

1. Man trage eine Geschichte mit sich, um in Augenblicken der Muße über sie nachzudenken. Das gibt ihr die Chance, im Unbewußten zu wirken und ihre verborgene Bedeutung zu enthüllen. Erstaunt wird man feststellen, daß sie ganz unerwartet wieder auftaucht, gerade dann, wenn ein Ereignis oder eine Situation der Erleuchtung bedarf und man dadurch Einsicht und innere Heilung er-

fährt. Indem man sich diesen Geschichten aussetzt, wird man gewissermaßen Gasthörer bei einem Lehrgang für Erleuchtung, für den es keines anderen Gurus als seiner selbst bedarf.

2. Da jede dieser Geschichten Wahrheit enthüllt, und WAHRHEIT, groß geschrieben, Wahrheit über *sich selbst* bedeutet, achte man beim Lesen darauf, zielstrebig nach einem tieferen Verständnis seiner selbst zu suchen. So, als lese man ein medizinisches Buch und sich dabei frage, ob man eines der Symptome an sich erkennt – aber nicht wie ein psychologisches Buch, bei dessen Lektüre man ständig typische Vertreter unter seinen Freunden entdeckt.

Gibt man der Versuchung nach, Einblicke in andere gewinnen zu wollen, wird man Schaden nehmen.

Mulla Nasrudins Sehnsucht nach Wahrheit war so leidenschaftlich, daß er weite Reisen unternahm, um Korangelehrte zu treffen, und er scheute sich auch nicht, im Basar Ungläubige in Diskussionen über Glaubenswahrheiten zu verwickeln.

Eines Tages sagte ihm seine Frau, wie ungerecht er sie behandele, und sie mußte entdecken, daß ihr Mann für diese Art von Wahrheit nicht das geringste Interesse hatte!

Und einzig um diese Art der Wahrheit geht es. Unsere Welt wäre eine andere, wenn die Gelehrten und Ideologen unter uns, seien es religiöse oder weltliche, von der gleichen Leidenschaft nach Selbsterkenntnis getrieben würden, die sie für ihre Theorien und Dogmen entfalten.

„Sehr gute Predigt", sagte eine Frau aus der Gemeinde, als sie dem Priester die Hand schüttelte. „Alles, was Sie sagten, paßt auf den einen oder anderen meiner Bekannten."

Verstehen Sie nun?

Inhalt

GEBET

BEWUSSTHEIT

RELIGION

GNADE

DIE HEILIGEN

DAS EIGENE ICH

LIEBE

ERLEUCHTUNG

HINWEIS

Man liest die Geschichten am besten in der hier vorgesehenen Reihenfolge. Doch lese man nie mehr als eine oder zwei nacheinander – sofern man sich mehr als bloße Unterhaltung davon verspricht.

Die Geschichten dieses Buches stammen aus den verschiedensten Ländern, Kulturen und Religionen. Sie gehören zum geistig-geistlichen Erbe – und weitverbreiteten Humor – des Menschengeschlechtes.

Alles, was der Autor getan hat, war, sie mit einem bestimmten Hintergedanken zusammenzustellen. Seine Arbeit war die des Webers und des Färbers; an Stoff und Faden hat er kein Verdienst.

GEBET

Das Gebet des Frosches

Als Bruder Bruno eines Nachts betete, fühlte er sich durch das Quaken eines Ochsenfrosches gestört. Er versuchte, es nicht zu beachten, doch umsonst. Wütend schrie er aus dem Fenster: „Ruhe! Ich bete gerade."

Bruder Bruno war ein Heiliger, und so wurde sein Befehl sofort befolgt. Alle Kreatur verstummte, damit eine dem Gebet dienliche Stille einkehren konnte.

Aber nun drängte sich ein anderer Laut in Brunos Gebete – eine innere Stimme, die ihm sagte: „Vielleicht gefällt Gott das Quaken dieses Frosches genauso wie der Gesang deiner Psalmen." – „Was kann Gott am Quaken eines Frosches gefallen?" erwiderte Bruno spöttisch. Doch die Stimme gab nicht nach: „Warum glaubst du, hat Gott diesen Laut geschaffen?"

Bruno beschloß, eben dies herauszufinden. Er beugte sich aus dem Fenster und befahl: „Sing!" Das bedächtige Gequake des Frosches erfüllte wieder die Luft und wurde von allen Fröschen der Nachbarschaft vielstimmig aufgenommen. Und als Bruder Bruno die Laute auf sich wirken ließ, klangen die Stimmen, da er sich nicht länger gegen sie sträubte, durchaus nicht mehr schrill, sondern verschönerten tatsächlich die nächtliche Stille.

Diese Entdeckung brachte Bruder Brunos Herz in Einklang mit dem Universum, und er verstand zum ersten Mal in seinem Leben, was beten heißt.

Der tanzende Rabbi
Eine chassidische Geschichte:

Die Juden einer kleinen Stadt in Rußland erwarteten ungeduldig die Ankunft eines Rabbi. Das kam nicht oft vor, und deshalb dachten sie lange über die Fragen nach, die sie dem heiligen Mann stellen wollten.

Als er schließlich kam, und sie mit ihm in der großen Halle der Stadt zusammentrafen, konnte er die Spannung spüren, mit der sie seine Antworten auf ihre Fragen erwarteten.

Zuerst sagte er nichts; er blickte ihnen nur in die Augen und summte eine schwermütige Melodie. Bald begannen alle zu summen. Er fing an zu singen, und alle sangen mit ihm. Er wiegte seinen Körper und tanzte mit feierlichen abgemessenen Schritten. Die Gemeinde folgte seinem Beispiel. Bald waren sie so sehr von dem Tanz gefangen, so sehr in die Bewegungen vertieft, daß sie auf nichts anderes mehr achteten; auf diese Weise wurde jeder in der Menge wieder ganz, wurde von der inneren Zersplitterung geheilt, die uns von der Wahrheit fernhält.

Fast eine Stunde verging, ehe der Tanz langsam aufhörte. Die Spannung in ihrem Inneren war gewichen, und jeder verharrte in dem schweigenden Frieden, der den Raum erfüllte. Dann sagte der Rabbi die einzigen Worte, die an jenem Abend über seine Lippen kamen: „Ich hoffe, ich habe eure Fragen beantwortet."

Ein Derwisch wurde gefragt, warum er Gott im Tanz anbete. Er erwiderte: „Gott anzubeten heißt, gegenüber seinem Ich zu sterben; tanzen tötet das eigene Ich. Wenn das Ich stirbt, sterben alle Probleme mit ihm. Wo das eigene Ich nicht ist, ist Liebe, ist Gott."

Der Ballettbeter

Der Meister saß mit seinen Schülern unter den Zuschauern. Er sagte: „Ihr habt so manches Gebet *gehört*, und so manches Gebet *gesprochen*. Heute abend sollt ihr ein Gebet *sehen*."

In diesem Augenblick hob sich der Vorhang, und das Ballett begann.

Wohin zeigen die Füße?

Ein Sufi-Heiliger begab sich auf eine Pilgerfahrt nach Mekka. Am Stadtrand legte er sich, von der Reise erschöpft, an den Straßenrand. Kaum war er eingeschlafen, weckte ihn ein wütender Pilger.

„Das ist die Zeit, da alle Gläubigen ihr Haupt nach Mekka verneigen, und du zeigst mit den Füßen in Richtung des Heiligtums. Was bist du für ein Muslim?"

Der Sufi rührte sich nicht; er schlug nur die Augen auf und sagte: „Bruder, würdest du mir einen Gefallen tun und meine Füße so hinlegen, daß sie nicht auf den Herrn zeigen?"

Das Gebet des Vischnu-Gläubigen

„Herr, ich bitte dich um Vergebung für drei schwere Sünden: erstens, ich pilgerte zu deinen vielen Heiligtümern und war mir deiner Allgegenwart nicht bewußt; zweitens, ich flehte dich so oft um Hilfe an und vergaß dabei, daß du mehr als ich um mein Wohlergehen besorgt bist; und schließlich bitte ich dich hier um Vergebung, wenn ich doch weiß, daß unsere Sünden vergeben sind, ehe wir sie begehen."

Der Erfinder

Nach vielen Jahren mühevoller Arbeit entdeckte ein Erfinder die Kunst des Feuermachens. Er ging mit seinen Geräten in den schneebedeckten Norden des Landes und erklärte einem Stamm die Kunst – und den Nutzen – des Feuermachens. Die Leute waren von dieser Neuerung so gefesselt, daß sie ganz vergaßen, dem Erfinder zu danken, der eines Tages unbemerkt weiterzog. Da er zu jenen seltenen Menschen mit innerer Größe gehörte, lag ihm nicht daran, in Erinnerung zu bleiben oder verehrt zu werden. Ihm genügte es, daß jemand von seiner Entdeckung Nutzen gehabt hatte.

Der nächste Stamm, zu dem er ging, war nicht weniger begierig zu lernen wie der erste. Aber die dortigen Priester, die eifersüchtig auf den Einfluß des Fremden waren, ließen ihn ermorden. Um jeden Verdacht eines Verbrechens zu zerstreuen, stellten sie ein Bild des Großen Erfinders auf den Hauptaltar der Kirche, und eine neue geschaffene Liturgie sollte seinen Namen preisen und die Erinnerung an ihn wachhalten. Streng wurde darauf geachtet, nicht eine einzige Vorschrift der Liturgie zu verändern oder auszulassen. Die Geräte zum Feuermachen wurden in einem Schrein aufbewahrt, und man sagte, sie brächten allen Heilung, die gläubig die Hände darauf legten.

Der Hohepriester selbst übernahm die Aufgabe, die Lebensgeschichte des Erfinders zu verfassen. Sie wurde das Heilige Buch, in dem seine liebevolle Güte als nachahmenswertes Beispiel dargestellt, seine ruhmvollen Taten gepriesen und seine übermenschliche Natur zu einem Glaubensartikel erhoben wurde. Die Priester achteten darauf, das Buch kommenden Generationen zu überliefern, während sie die Bedeutung seiner Worte nach ihrem Ermessen auslegten, desgleichen den Sinn seines heiligen Lebens und Sterbens. Und schonungslos bestraften sie jeden mit Tod oder Exkommunikation, der von ihrer Lehre abwich. Und während sie so von diesen religiösen Aufgaben in Beschlag genommen waren, vergaßen die Leute vollständig die Kunst des Feuermachens.

Aus dem Leben der Wüstenväter:

Altvater Lot kam zu Altvater Joseph und sagte: „Vater, so gut ich es vermag, halte ich meine kleine Regel und meine kleine Fastenzeit ein, mein Gebet, meine Meditation, mein kontemplatives Schweigen; und so gut ich es vermag, reinige ich mein Herz von allen bösen Gedanken. Was sollte ich sonst noch tun?"

Der Ältere erhob sich, um Antwort zu geben. Er streckte seine Hände gen Himmel, und seine Finger wurden wie zehn flammende Blitze. Er sagte: „Dies: werde ganz und gar zu Feuer."

Das Gebet eines Schusters

Ein Schuster kam zu Rabbi Isaak von Ger und sprach: „Sag mir, wie soll ich es mit meinem Morgengebet halten? Meine Kunden sind arme Leute, die nur ein Paar Schuhe besitzen. Sie bringen sie spät abends, und ich arbeite fast die ganze Nacht daran; sogar wenn der Morgen anbricht, gibt es immer noch zu tun, wenn die Schuhe fertig sein sollen, ehe die Männer zur Arbeit gehen. Deshalb möchte ich wissen: Wie soll ich es mit meinem Morgengebet halten?"

„Wie hast du es denn bisher gemacht?" fragte der Rabbi.

„Manchmal bete ich es schnell, und gehe dann gleich wieder an die Arbeit – doch fühle ich mich dabei nicht wohl. Ein andermal lasse ich die Stunde des Gebetes vorbeigehen. Dann habe ich aber auch das Gefühl, es fehle mir etwas, und hier und da, wenn ich den Hammer hebe, meine ich, mein Herz seufzen zu hören: ‚Was für ein unglücklicher Mensch bin ich doch, daß ich nicht mein Morgengebet verrichten kann.'"

Sagte der Rabbi: „Wenn ich Gott wäre, wäre mir dieser Seufzer mehr wert als das Gebet."

Ein Gebet buchstabieren

Eine chassidische Geschichte:

Eines Abends spät merkte ein armer Bauer auf dem Heimweg vom Markt, daß er sein Gebetbuch nicht bei sich hatte. Da ging mitten im Wald ein Rad seines Karrens entzwei, und es betrübte ihn, daß dieser Tag vergehen sollte, ohne daß er seine Gebete verrichtet hatte.

Also betete er: „Ich habe etwas sehr Dummes getan, Herr. Ich bin heute früh ohne mein Gebetbuch von zu Hause fortgegangen, und mein Gedächtnis ist so schlecht, daß ich kein einziges Gebet auswendig sprechen kann. Deshalb werde ich dies tun: ich werde fünfmal langsam das ganze ABC aufsagen, und du, der du alle Gebete kennst, kannst die Buchstaben zusammensetzen und daraus die Gebete machen, an die ich mich nicht erinnern kann."

Und der Herr sagte zu seinen Engeln: „Von allen Gebeten, die ich heute gehört habe, ist dieses ohne Zweifel das beste, weil es aus einem einfachen und ehrlichen Herzen kam."

Gottes Beruf ist zu vergeben

Katholische Christen bekennen ihre Sünden einem Priester und erhalten von ihm die Absolution als Zeichen der Vergebung durch Gott. Oft besteht aber die Gefahr, daß reuige Sünder darin eine Art Garantie sehen, eine Bescheinigung, die sie vor göttlicher Vergeltung bewahrt und daher mehr auf die Absolution durch den Priester vertrauen als auf die Gnade Gottes.

Genau das wollte auch Perugino tun, ein italienischer Maler aus dem Mittelalter, als er im Sterben lag. Er beschloß, nicht zur Beichte zu gehen, um aus Angst seine Haut zu retten. Das wäre ein Sakrileg und eine Beleidigung Gottes.

Seine Frau, die nicht wußte, was im Inneren ihres Mannes vorging, fragte ihn einmal, ob er denn keine Angst habe, ohne Beichte zu sterben. Perugino antwortete: „Sieh die Sache einmal so an, meine Liebe: mein Beruf ist es zu malen, und als Maler habe ich mich ausgezeichnet. Gottes Beruf ist es zu vergeben, und wenn er in seinem Beruf so tüchtig ist wie ich in meinem, sehe ich keinen Grund, Angst zu haben."

Wie oft hast du an mich gedacht?

Der indische Weise Narada war ein Anhänger von Gott Hari. Seine Verehrung für ihn war so groß, daß er eines Tages auf den Gedanken kam, niemand auf der ganzen Welt liebte Gott mehr als er.

Der Herr las in seinem Herzen und sagte: „Narada, geh in jene Stadt am Ufer des Ganges, denn dort wohnt einer meiner Anhänger. Es wird dir guttun, in seiner Gesellschaft zu leben."

Narada ging hin und fand einen Bauern, der früh am Morgen aufstand, den Namen Hari nur einmal aussprach, danach seinen Pflug nahm, auf die Felder ging und dort den ganzen Tag arbeitete. Kurz vor dem Einschlafen sprach er den Namen Haris noch einmal aus. Narada dachte: ‚Wie kann dieser Bauer ein Verehrer Gottes sein?

Den ganzen Tag ist er nur in seine weltlichen Beschäftigungen vertieft.'

Da sagte der Herr zu Narada: „Füll deine Schale bis zum Rand mit Milch und geh damit um die ganze Stadt. Dann komm zurück, ohne einen einzigen Tropfen verschüttet zu haben." Narada tat, was ihm gesagt war.

„Wie oft hast du an mich gedacht, während du um die Stadt gingst?" fragte der Herr.

„Nicht ein einziges Mal, Herr", sagte Narada. „Wie sollte ich auch, wenn du mir befahlst, auf die Schale voller Milch zu achten?"

Der Herr sagte: „Diese Schale beanspruchte deine Aufmerksamkeit so sehr, daß du mich ganz vergessen hast. Sieh dagegen diesen Bauern! Er muß für den Lebensunterhalt einer Familie sorgen, denkt aber dennoch zweimal am Tag an mich."

Und dem Dorf wurde geholfen

Der Dorfpriester war ein heiliger Mann. Immer wenn die Bewohner Sorgen hatten, wandten sie sich an ihn. Dann zog er sich gewöhnlich an einen besonderen Ort im Wald zurück und sprach ein besonderes Gebet. Gott erhörte immer sein Gebet, und dem Dorf wurde geholfen.

Als der Priester starb und die Leute Sorgen hatten, wandten sie sich an seinen Nachfolger, der kein heiliger Mann war, aber das Geheimnis des besonderen Ortes im Wald und des besonderen Gebetes kannte. Deshalb sagte er: „Herr, du weißt, ich bin kein heiliger Mann. Aber du wirst doch mein Volk das nicht entgelten lassen? So erhöre mein Gebet, und komm uns zur Hilfe." Und Gott erhörte sein Gebet, und dem Dorf wurde geholfen.

Als auch er starb und die Bewohner Sorgen hatten, wandten sie sich an seinen Nachfolger, der das besondere Gebet kannte, aber nicht den Platz im Wald. Deshalb sagte er: „Was liegt dir an bestimmten Plätzen, Herr? Wird nicht jeder Platz geheiligt durch deine Gegenwart? Erhöre also mein Gebet und komm uns zur Hilfe." Und wieder erhörte Gott sein Gebet, und dem Dorf wurde geholfen.

Nun starb auch er, und als die Bewohner wieder Sorgen hatten, wandten sie sich an seinen Nachfolger, der weder das besondere Gebet noch den besonderen Ort im Wald kannte. Deshalb sagte er: „Herr, vor dir gilt nicht eine Formel, sondern der Schrei aus einem sorgenvollen Herzen. Erhöre deshalb mein Gebet und komm uns zur Hilfe." Und wieder erhörte Gott sein Gebet und dem Dorf wurde geholfen.

Als auch dieser Mann gestorben war, wandten sich die Bewohner mit ihren Sorgen an seinen Nachfolger. Aber dieser Priester hielt mehr vom Geld als vom Gebet. Deshalb sagte er zu Gott: „Was bist du für ein Gott, der ohne weiteres in der Lage ist, die Probleme zu lösen, die du selbst verursacht hast, aber dich weigerst, einen Finger krumm zu machen, bis wir vor dir kriechen, bitten und betteln. Von mir aus, mach was du willst mit den Leuten." Daraufhin wandte er sich unverzüglich wieder der Arbeit zu, die er gerade vorhatte. Und wieder erhörte Gott sein Gebet, und dem Dorf wurde geholfen.

Lakshmis späte Antwort

Es nützt nichts, daß unsere Gebete erhört werden, wenn es nicht zur rechten Zeit geschieht.

Im alten Indien wurde den Vedischen Riten große Bedeutung beigemessen, auch auf naturwissenschaftlichem Gebiet, so daß wenn die Weisen um Regen beteten, nie Dürre im Land herrschte. Nach diesen Riten begann ein

Mann zu Lakshmi, der Göttin des Reichtums, zu beten, damit sie ihn reich mache.

Zehn lange Jahre betete er ohne Erfolg, und nach dieser Zeit erkannte er plötzlich, daß Reichtum trügerisch sei. Darauf begann er ein Leben der Entsagung im Himalaya.

Als er eines Tages während der Meditation die Augen aufschlug, sah er vor sich eine außergewöhnlich schöne Frau, so strahlend und so leuchtend, als wäre sie aus Gold.

„Wer bist du, und was tust du hier?" fragte er.

„Ich bin die Göttin Lakshmi, die du zwölf Jahre lang mit Lobgesängen verehrtest", sagte die Frau. „Ich bin gekommen, um dir deinen Wunsch zu erfüllen."

„Nun, meine liebe Göttin", erwiderte der Mann, „seither habe ich das Glück der Meditation erfahren und mein Verlangen nach Reichtum verloren. Du kommst zu spät. Sag mir, warum hast du dein Kommen so lange hinausgeschoben?"

„Um dir die Wahrheit zu sagen", antwortete die Göttin, „die Besonderheit dieser Riten, die du so treu befolgt hast, rechtfertigte durchaus, daß dir Reichtum zuteil geworden wäre. Weil ich dich aber liebe und dein Wohlergehen wünsche, hielt ich ihn zurück."

Wenn du die Wahl hättest, was würdest du wählen:
die Erfüllung deiner Bitte
oder die Gnade, inneren Frieden zu haben,
ob sie nun erfüllt wird oder nicht?

Das Gebet der Kinder

Eines Tages sah Mulla Nasrudin, wie der Dorfschulmeister eine Gruppe Kinder zur Moschee führte.

„Warum bringst du sie dorthin?" fragte er.

„Im Land herrscht Dürre", sagte der Lehrer, „und wir

vertrauen darauf, daß die Rufe der Unschuldigen das Herz des Allmächtigen rühren."

„Nicht die Rufe, ob unschuldige oder sündige, zählen", sagte der Mulla, „sondern Weisheit und Bewußtheit."

„Wie könnt Ihr es wagen, in Gegenwart dieser Kinder so gotteslästerliche Reden zu führen", rief der Lehrer. „Beweist, was Ihr gesagt habt oder Ihr werdet als Häretiker verklagt."

„Ganz einfach", sagte Nasrudin. „Wenn Kindergebete etwas zählen würden, gäbe es im ganzen Land keinen Schulmeister, denn vor nichts haben sie eine größere Abneigung, als in die Schule zu gehen. Daß es dich trotz dieser Gebete noch gibt, verdankst du uns, die wir es besser wissen als die Kinder!"

Ein großer Langweiler

Ein frommer alter Mann betete fünfmal täglich, während sein Geschäftspartner nie eine Kirche betrat. Und nun, an seinem 80. Geburtstag, betete er:

„Herr, unser Gott! Seit meiner Jugend habe ich nicht einen Tag verstreichen lassen, ohne morgens in die Kirche zu gehen und zu den fünf festgesetzten Zeiten meine Gebete zu verrichten. Nicht einen einzigen Schritt tat ich, traf keine Entscheidung, wichtig oder unwichtig, ohne zuvor deinen Namen anzurufen. Und jetzt im Alter habe ich meine frommen Übungen verdoppelt und bete unaufhörlich zu dir, Tag und Nacht. Und doch stehe ich hier, arm wie eine Kirchenmaus. Aber sieh meinen Geschäftspartner. Er trinkt und spielt, und selbst in seinem fortgeschrittenen Alter läßt er sich mit Frauen zweifelhaften Rufes ein. Und doch schwimmt er in Geld. Ich frage mich, ob je ein Gebet über seine Lippen gekommen ist. Herr, ich bitte nicht darum, daß er bestraft werde, denn das wäre unchristlich. Aber bitte sage mir: warum, warum, warum … hast du ihm Wohlstand geschenkt und warum behandelst du mich so?"

„Weil du so ein gräßlicher Langweiler bist!" erwiderte Gott.

Die Regel in einem Kloster lautete nicht: „Nicht sprechen", sondern: „Sprich nur, wenn du die Stille vertiefen kannst."

Gilt nicht das gleiche vom Gebet?

Über Gebete und Beter

Großmutter: „Betest du jeden Abend deine Gebete?"
Enkel: „Oh ja!"
„Und jeden Morgen?"
„Nein. Am Tage habe ich keine Angst."

Eine fromme alte Dame nach dem Krieg: „Gott meinte es sehr gut mit uns. Wir beteten unablässig, so fielen alle Bomben auf die andere Seite der Stadt."

Es war zur festen Gewohnheit geworden, jedes Jahr ihre fromme Tante einzuladen, wenn sie ein Gartenfest veranstalteten. In diesem Jahr vergaßen sie es. Als die Einladung doch noch in letzter Minute eintraf, sagte sie: „Jetzt ist es zu spät. Ich habe schon um Regen gebetet."

Beide lauschen, keiner spricht

Ein alter Mann konnte stundenlang still in der Kirche sitzen. Eines Tages fragte ihn ein Priester, worüber Gott mit ihm spräche.

„Gott spricht nicht. Er hört nur zu", war die Antwort.

„Was redest du dann mit ihm?"
„Ich spreche auch nicht. Ich höre nur zu."

Die vier Stufen des Gebetes:
Ich spreche, du hörst zu.
Du sprichst, ich höre zu.
Keiner spricht, beide hören zu.
Keiner spricht, keiner hört: Schweigen.

Der Sufi Bayazid Bistami beschreibt seinen Fortschritt in der Kunst des Betens: „Als ich die Kaaba in Mekka zum ersten Mal besuchte, sah ich die Kaaba. Das zweite Mal sah ich den Herrn der Kaaba. Das dritte Mal sah ich weder die Kaaba noch den Herrn der Kaaba."

Akbar im Gebet

Eines Tages war der Großmogul Akbar auf der Jagd im Wald. Als es Zeit für das Abendgebet war, stieg er vom Pferd, breitete seine Matte auf die Erde und kniete nieder, um nach der Art frommer Muslime zu beten.

In dem Augenblick stürzte eine Bauersfrau vorbei, die voller Angst ihren Mann suchte, der am Morgen das Haus verlassen hatte und noch nicht zurückgekehrt war. In ihrer Sorge bemerkte sie die kniende Gestalt des Kaisers nicht, stolperte über ihn, stand wieder auf und lief ohne ein Wort der Entschuldigung weiter in den Wald hinein.

Akbar ärgerte sich über diese Unterbrechung, aber als guter Muslim hielt er sich an die Regel, während des Gebetes mit niemandem zu sprechen.

Gerade als sein Gebet beendet war, kam die Frau zurück, glücklich in Begleitung ihres Mannes, den sie gefunden hatte. Überrascht und erschrocken sah sie den Kaiser und sein Gefolge. Akbar ließ seinem Ärger freien Lauf und schrie: „Erkläre dein ungebührliches Betragen oder du wirst bestraft."

Plötzlich verlor die Frau jede Angst, sah dem Herrscher in die Augen und sagte: „Majestät, ich war so in dem Gedanken an meinen Mann befangen, daß ich Euch nicht einmal bemerkte, auch nicht, als ich über Euch stolperte, wie Ihr sagtet. Während Ihr nun betetet, wart Ihr so befangen in dem Einen, der soviel kostbarer ist als mein Mann. Wie konntet Ihr mich da bemerken?"

Der Herrscher schwieg beschämt und vertraute später seinen Freunden an, daß eine Bauersfrau, die weder Gelehrter noch Mulla war, ihn die Bedeutung des Gebetes gelehrt hatte.

Der wütende Bulle

Der Meister betete, als seine Schüler zu ihm kamen und sagten: „Herr, lehre uns beten." Und so lehrte er sie ...

Zwei Männer gingen eines Tages über ein Feld, als sie einen wütenden Bullen sahen. Auf der Stelle stürzten sie zum nächsten Zaun, der Bulle ihnen auf den Fersen. Bald wurde ihnen klar, daß sie es nicht schaffen würden, und einer schrie dem anderen zu: „Es ist aus! Nichts kann uns retten. Sag ein Gebet. Schnell!"

Da schrie der andere zurück: „Ich habe nie in meinem Leben gebetet und kenne kein Gebet für diese Gelegenheit."

„Ganz egal! Der Bulle hat uns gleich eingeholt. Jedes Gebet ist recht."

„Dann will ich das einzige Gebet beten, an das ich mich erinnere und das mein Vater vor dem Essen betete: ‚Herr, mach uns wahrhaft dankbar für das, was du uns gegeben hast.'"

Nichts übersteigt die Heiligkeit jener, die gelernt haben, alles was ist, uneingeschränkt anzunehmen.

Im Kartenspiel, das Leben heißt, spielt man das zugeteilte Blatt, so gut man kann.

Diejenigen, die darauf bestehen, nicht das ihnen zugeteilte Blatt zu spielen, sondern das, das ihnen ihrer Meinung nach zugekommen wäre, sind im Leben Versager.

Wir werden nicht gefragt, ob wir spielen wollen.
Es gibt keine Wahl. Spielen müssen wir, es fragt sich, wie.

Sich mit einem Drachen anfreunden

Ein Mann suchte einen Psychiater auf und sagte ihm, er werde jede Nacht von einem über dreißig Meter langen Drachen mit drei Köpfen besucht.

Er war ein Nervenbündel, konnte nicht mehr schlafen und war am Rande eines Zusammenbruchs. Sogar an Selbstmord hatte er schon gedacht.

„Ich glaube, ich kann Ihnen helfen“, sagte der Psychiater, „aber ich muß Sie warnen, es wird ein oder zwei Jahre dauern und 3000 Dollar kosten.“

„3000 Dollar!“ rief der Mann. „Vergessen Sie es! Ich werde einfach nach Hause gehen und mich mit dem Drachen anfreunden.“

Der Kaiser im Gebet

Der moslemische Mystiker, Farid, wurde von seinen Nachbarn gedrängt, an den Hof in Delhi zu gehen, um von Akbar für das Dorf eine Gefälligkeit zu erbitten. Farid betrat die Residenz und fand Akbar beim Gebet.

Als der Kaiser schließlich ansprechbar war, fragte Farid: „Was für ein Gebet habt Ihr gesprochen?"

„Ich betete, der All-Barmherzige möge mir Erfolg, Reichtum und ein langes Leben schenken", lautete die Antwort.

Farid machte auf der Stelle kehrt und entfernte sich mit den Worten: „Ich kam, um einen Kaiser zu treffen. Aber ich fand nur einen Bettler, genau wie alle anderen."

Gott ist hier draußen

Es war einmal eine gläubige und fromme Frau, die Gott liebte. Jeden Morgen ging sie in die Kirche. Unterwegs riefen ihr die Kinder zu, Bettler sprachen sie an, aber sie war so in sich versunken, daß sie nichts wahrnahm.

Eines Tages ging sie wie immer die Straße hinab und erreichte gerade rechtzeitig zum Gottesdienst die Kirche. Sie drückte an der Tür, doch sie ließ sich nicht öffnen. Sie versuchte es heftiger und fand die Tür verschlossen.

Der Gedanke, daß sie zum ersten Mal in all den Jahren den Gottesdienst versäumen würde, bedrückte sie. Ratlos blickte sie auf und sah genau vor ihrem Gesicht einen Zettel an der Tür.

Darauf stand: „Ich bin hier draußen!"

Von einem Heiligen wurde erzählt, daß er jedesmal, wenn er fortging, um seinen religiösen Pflichten nachzukommen, zu sagen pflegte: „Und nun, Herr, auf Wiedersehen! Ich gehe in die Kirche."

Das Lied eines Vogels

Ein Mönch ging eines Tages im Klostergarten spazieren und hörte dabei das Lied eines Vogels.

Verzaubert lauschte er. Ihm war, als hätte er nie zuvor einen Vogel singen hören, wirklich gehört.

Als das Lied zu Ende war, ging er in das Kloster zurück und entdeckte zu seiner Bestürzung, daß er für seine Mitbrüder ein Fremder war und sie für ihn.

Nur langsam wurde ihm und ihnen klar, daß er nach Jahrhunderten zurückgekehrt war. So versunken hatte er gelauscht, daß die Zeit stehengeblieben und in die Ewigkeit hinübergeglitten war.

Ein Gebet ist vollkommen, wenn man dabei die Zeitlosigkeit erfährt.
Zeitlosigkeit erfährt man durch Klarheit der Wahrnehmung.
Wahrnehmung ist ungetrübt, wenn losgelöst von vorgefaßten Meinungen und allen Erwägungen persönlichen Verlustes oder Gewinnes.
Dann sieht man das Wunderbare und das Herz ist voller Staunen.

Die Augenbinde lösen

Als der Meister den Gouverneur zur Meditation einlud und die Antwort erhielt, er sei zu beschäftigt, sagte er ihm: „Ihr erinnert mich an einen Mann, der mit verbundenen Augen im Dschungel umhergeht – und zu beschäftigt ist, die Binde abzunehmen."

Als der Gouverneur vorgab, keine Zeit zu haben, sagte der Meister: „Es ist ein Irrtum, daß Meditation aus Zeitmangel nicht möglich ist. Der wahre Grund ist ein rastloser Verstand."

Es war einmal ein erschöpfter Holzfäller, der Zeit und Kraft verschwendete, weil er mit einer stumpfen Axt einschlug. Denn wie er sagte, habe er keine Zeit, die Schneide zu schärfen.

Die Waldkirche

Es war einmal ein Wald, in dem die Vögel bei Tag und die Insekten bei Nacht sangen. Bäume gediehen, Blumen blühten und alle Art von Kreatur freute sich des Lebens in Freiheit.

Und jeder, der diesen Wald betrat, wurde hingeführt zur Einsamkeit, die die Heimat Gottes ist, der im Schweigen der Natur und ihrer Schönheit wohnt.

Doch dann begann das Zeitalter des bewußtlosen Handelns, als es den Menschen möglich wurde, dreihundert Meter hohe Gebäude zu errichten und innerhalb eines einzigen Monats Flüsse, Wälder und Berge zu zerstören. Man baute Häuser für den Gottesdienst aus dem Holz der Waldbäume und aus den Steinen im Waldboden. Kirchtürme und Minarette ragten in den Himmel, die Luft war erfüllt von Glockengeläut, Gebet, Gesang und Ermahnung.

Und plötzlich hatte Gott kein Haus mehr.

Gott verbirgt Dinge, indem er sie uns vor Augen legt!

Horch! Lauscht auf das Lied des Vogels,
den Wind in den Bäumen,
das Rauschen des Meeres;
Schaut auf einen Baum,
ein fallendes Blatt, eine Blume
als sei es das erste Mal.
Plötzlich begreift ihr die Wirklichkeit,
jenes Paradies aus Kindertagen,
das unser Wissen uns heute verschließt.

Sagt der indische Mystiker Saraha:
„Erkenne die Süße des Duftes,
der Nichtwissen heißt."

Was an einem kalten Tag zu tun ist

An einem bitterkalten Tag drängten sich ein Rabbi und seine Schüler um ein Feuer. Einer der Schüler, Sprachrohr seines Meisters, sagte: „Ich weiß genau, was an einem so eiskalten Tag wie heute zu tun ist."

„Was?" fragten die anderen.

„Warm halten. Und wenn das nicht möglich ist, weiß ich immer noch, was zu tun ist."

„Was?"

„Frieren".

Die jeweilige Wirklichkeit kann in Wahrheit weder abgelehnt noch angenommen werden.
Vor ihr davonlaufen, ist, als laufe man seinen eigenen Füßen davon.
Sie anzunehmen, ist, als küsse man die eigenen Lippen.
Man kann nichts anderes tun als sehen, verstehen und ruhig sein.

BEWUSSTHEIT

Größer als alles

Im Land brach eine große religiöse Verfolgung aus und die drei Säulen der Religion: Die Heilige Schrift, der Gottesdienst und die Nächstenliebe traten vor Gott, um ihrer Sorge Ausdruck zu geben, daß sie nicht länger bestehen würden, wenn die Religion vernichtet wäre.

„Keine Sorge", sagte der Herr, „ich plane, Einen auf die Erde zu schicken, der größer ist als ihr alle."

„Wie heißt dieses Große Wesen?"

„Selbsterkenntnis", sagte Gott. „Sie wird größere Dinge vollbringen, als je einer von euch vollbracht hat."

Die drei weisen Männer

Drei weise Männer brachen zu einer Reise auf. In ihrem eigenen Land galten sie als Weise, doch waren sie bescheiden genug, sich von einer Reise weitere Einsicht zu erhoffen.

Gleich jenseits der Grenze zu ihrem Nachbarland sahen sie in der Ferne einen Wolkenkratzer. Sie fragten sich, was dieses riesige Gebilde wohl sein könnte? Die naheliegende Antwort wäre gewesen: hinaufsteigen und herausfinden. Aber nein, das könnte zu gefährlich sein. Angenommen, es wäre etwas, das beim Näherkommen explodierte. Es war weitaus klüger, sich zunächst zu einigen, was es war, ehe man es untersuchte. Verschiedene Theorien wurden erörtert und auf Grund früherer Erfahrungen verworfen. Schließlich wurde bestimmt, ebenfalls auf Grund früherer Erfahrungen, über die sie reichlich verfügten, daß das fragliche Objekt, was immer es sei, nur von Riesen hatte aufgestellt werden können.

Das führte zu der Folgerung, es wäre besser, dieses Land

ganz und gar zu meiden. Also kehrten sie nach Hause zurück und hatten ihren Erfahrungsschatz durchaus bereichert.

Vermutungen beeinflussen die Beobachtung.
Beobachtung führt zur Überzeugung.
Überzeugung schafft Erfahrung.
Erfahrung erzeugt Verhalten,
das wiederum Vermutungen bestätigt.

Vermutungen

Einige Jäger charterten ein Flugzeug, das sie in ein Waldgebiet bringen sollte. Nach zwei Wochen kam der Pilot, um sie wieder abzuholen. Er warf einen Blick auf die erlegten Tiere und sagte: „Diese Maschine kann nicht mehr als einen Büffel transportieren. Die anderen müssen Sie zurücklassen."

„Aber im letzten Jahr erlaubte uns der Pilot, zwei Tiere in einer Maschine von dieser Größe mitzunehmen", protestierten die Jäger.

Der Pilot war skeptisch, sagte aber schließlich: „Wenn Sie es voriges Jahr so gemacht haben, können wir es vermutlich wieder tun."

Also hob die Maschine ab mit den drei Männern und zwei Büffeln an Bord. Doch sie konnte keine Höhe gewinnen und prallte gegen einen naheliegenden Berg. Die Männer kletterten heraus und blickten sich um. Ein Jäger sagte zu dem anderen: „Wo glaubt ihr, sind wir?" Der andere sah prüfend in die Runde und erwiderte: „Ich glaube, wir befinden uns ungefähr zwei Meilen links von der Stelle, an der wir im letzten Jahr abgestürzt sind."

Weitere Vermutungen:

Ein Ehepaar kehrte von der Beerdigung Onkel Georgs zurück. Er hatte zwanzig Jahre bei ihnen gelebt und war eine solche Nervensäge gewesen, daß er beinahe ihre Ehe ruiniert hätte.

„Ich muß dir etwas sagen, mein Schatz", sagte der Mann. „Wenn nicht meine Liebe zu dir gewesen wäre, hätte ich mich nicht einen einzigen Tag mit deinem Onkel Georg abgefunden."

„*Mein* Onkel Georg", rief sie entsetzt. „Ich dachte, es wäre *dein* Onkel Georg!"

Im Sommer 1946 ging in einer Provinz eines südamerikanischen Landes das Gerücht um, eine Hungersnot stehe bevor. Tatsächlich stand das Getreide gut, und vom Wetter her, war eher eine Rekordernte zu erwarten. Doch auf Grund dieses Gerüchtes verließen 20000 Kleinbauern ihre Höfe und flohen in die Städte. Dadurch wurden die Felder nicht abgeerntet, Tausende verhungerten, und das Gerücht über die Hungersnot erwies sich als wahr.

Die päpstliche Pantomime

Vor vielen, vielen Jahren, im Mittelalter, wurde der Papst von seinen Ratgebern gedrängt, die Juden aus Rom zu verbannen. Es gehört sich nicht, sagten sie, daß diese Leute ungestört ausgerechnet im Zentrum des Katholizismus lebten. Ein Ausweisungsedikt wurde aufgesetzt und verkündet, zur großen Bestürzung der Juden, die wußten, daß sie anderswo noch schlechter behandelt werden würden als in Rom. So ersuchten sie den Papst, das Edikt noch einmal zu überdenken. Der Papst, ein gerechter Mann, machte ihnen einen fairen Vorschlag: die Juden sollten einen der ihren ernennen, um mit ihm in Pantomime zu debattieren. Wenn ihr Sprecher gewönne, könnten die Juden bleiben.

Die Juden kamen zusammen, um den Vorschlag zu überdenken. Ablehnung bedeutete Ausweisung aus Rom, Annahme die Gefahr einer sicheren Niederlage, denn wer könnte eine Debatte gewinnen, in der der Papst sowohl als Beteiligter wie Richter mitwirkte? Gleichwohl blieb nichts anderes übrig, als anzunehmen. Nur fand sich kein Freiwilliger für diese Aufgabe. Die Bürde, für das Schicksal der Juden verantwortlich zu sein, war schwerer als jemand auf sich nehmen wollte. Als nun der Hausmeister der Synagoge erfuhr, was vorging, trat er vor den Oberrabbi und stellte sich freiwillig dafür zur Verfügung, sein Volk in der Debatte zu vertreten. „Der Hausmeister?" sagten die anderen Rabbis, als sie davon hörten. „Unmöglich!"

„Je nun", sagte der Oberrabbi, „keiner von uns ist gewillt, es zu tun. Also entweder der Hausmeister oder keine Debatte." So wurde der Hausmeister, weil kein anderer wollte, bestellt, mit dem Papst zu debattieren.

Als der große Tag kam, saß der Papst auf einem Thron auf dem Petersplatz, umgeben von seinen Kardinälen, einer großen Menge von Bischöfen, Priestern und Gläubigen gegenüber. Dann traf die kleine jüdische Delegation ein in schwarzen Roben und mit wallenden Bärten, in ihrer Mitte der Hausmeister.

Der Papst wandte sich dem Hausmeister zu, und die Debatte begann. Feierlich hob der Heilige Vater einen Finger und fuhr mit ihm über den Himmel. Der Hausmeister zeigte sofort energisch auf die Erde. Der Papst schien etwas überrascht. Noch würdevoller hob er wieder einen Finger und hielt ihn dem Hausmeister nachdrücklich vors Gesicht. Der Hausmeister hob daraufhin drei Finger und hielt sie genau so bestimmt vor das Gesicht des Papstes, der von dieser Geste überrascht schien. Dann griff der Papst mit der Hand in sein Gewand und holte einen Apfel aus der Tasche. Daraufhin griff der Hausmeister in seine Papiertasche und holte ein flaches Stück Matze heraus. Da erklärte der Papst mit lauter Stimme: „Der jüdische Vertreter hat die Debatte gewonnen. Das Ausweisungsedikt wird hiermit zurückgezogen."

Die jüdischen Führer umringten den Hausmeister und führten ihn weg. Die Kardinäle drängten sich erstaunt um den Papst. „Was geschah, Euer Heiligkeit?" fragten sie. „Wir konnten den schnellen Ausfällen und Paraden der Debatte nicht folgen." Der Papst wischte sich den Schweiß von der Stirn und sagte: „Dieser Mann ist ein brillanter Theologe, ein Meister der Debatte. Ich bewegte meine Hand über den Himmel, um damit anzudeuten, daß das ganze Universum Gott gehört. Er zeigte mit seinen Fingern nach unten, um mich zu erinnern, daß es einen Ort, Hölle genannt, gäbe, wo der Teufel absolut herrscht. Ich hob dann einen Finger, um anzuzeigen, daß Gott Eins ist. Stellen Sie sich mein Erschrecken vor, als er drei Finger hob, um zu zeigen, daß sich dieser eine Gott auch in drei Personen manifestiert, womit er sich unserer Lehre von der Dreieinigkeit anschloß.

Wohl wissend, daß es unmöglich sein würde, dieses theologische Genie auszustechen, verlagerte ich die Debatte schließlich auf ein anderes Gebiet. Ich holte einen Apfel heraus, um anzudeuten, daß laut einiger neumodischer Theorien die Erde rund sei. Er zog sofort ein flaches Stück ungesäuerten Brotes heraus, um mich zu erinnern, daß laut Bibel die Erde eine Scheibe sei. Es blieb nichts anderes übrig, als ihm den Sieg zuzuerkennen."

Unterdessen waren die Juden in ihrer Synagoge angekommen. „Was geschah?" fragten sie den Hausmeister verwundert. Dieser war empört. „Es war ein blödes Getue", sagte er. „Zunächst bewegte der Papst seine Hand, als wolle er den Juden sagen, raus aus Rom. Also zeigte ich nach unten, um ihm klarzumachen, daß wir uns nicht rühren würden. Dann zeigte er mit einem Finger drohend auf mich, als wollte er sagen, werde mir bloß nicht unverschämt. Also hob ich drei Finger, um ihm zu verstehen zu geben, daß er uns gegenüber dreimal so unverschämt handele, wenn er uns aus reiner Willkür aus Rom ausweise. Was macht er dann? Er holt sein Frühstück heraus. Also holte ich auch meines."

Oft ist Wirklichkeit nicht das tatsächlich Bestehende, sondern das, was wir als solche anzusehen gewillt sind.

Der Preis der Tomaten

In der Gemüseabteilung eines Supermarktes wollte eine Frau gerade ein paar Tomaten aussuchen, als ihr ein scharfer Schmerz in den Rücken schoß; sie konnte sich nicht mehr rühren und stieß einen Schrei aus.

Ein anderer Käufer neben ihr drehte sich verständnisvoll um und sagte: „Wenn Sie denken, die Tomaten sind teuer, dann sehen Sie sich mal die Fischpreise an."

Reagieren Sie auf die Wirklichkeit oder auf das, was Sie sich als solche vorstellen?

Der Hippie mit einem Schuh

Ein Mann stieg in einen Bus und kam neben einem jungen Mann zu sitzen, der offensichtlich ein Hippie war. Er hatte nur einen Schuh an.

„Du hast wohl einen Schuh verloren, mein Junge".

„Nein, guter Mann", lautete die Antwort, „ich habe einen gefunden."

Wenn mir etwas klar ist,
braucht es nicht unbedingt wahr zu sein.

Der Indianer, der am Boden horcht

Ein Cowboy ritt durch die Wüste, als er auf einen Indianer stieß, der auf der Straße lag und Kopf und Ohr auf den Boden drückte.

„Was macht Ihr da, Häuptling?" fragte der Cowboy.

„Großes Bleichgesicht mit rotem Haar in einem dunkelgrünen Mercedes, mit deutschem Schäferhund neben sich und dem Autokennzeichen SDT 965, ab Richtung Westen."

„He, Häuptling, wolltet Ihr sagen, daß Ihr das alles hört, wenn Ihr das Ohr am Boden habt und lauscht?"

„Ich lausche nicht am Boden. Dieser Hurensohn hat mich überfahren."

Das Pech der Auster

Eine Auster sah eine lose Perle, die in einen Felsspalt auf den Meeresgrund gefallen war. Mit großer Anstrengung gelang es ihr, die Perle aufzufischen und sie neben sich auf ein Blatt zu legen.

Sie wußte, daß Menschen nach Perlen suchen und dachte: ‚Diese Perle wird ihnen auffallen, sie werden sie nehmen und mich in Ruhe lassen.'

Als ein Perlentaucher in die Nähe kam, waren seine Augen jedoch darauf trainiert, nach Austern zu suchen und nicht nach Perlen, die auf Blättern lagen.

Also griff er nach der Auster, die nun zufällig keine Perle enthielt, und die echte Perle konnte in den Felsspalt zurückrollen.

Man weiß genau, wo man zu suchen hat,
deswegen gelingt es nicht, Gott zu finden.

Die Identifizierung deiner Mutter

Eine Frau bat auf der Bank einen Kassierer, ihren Scheck einzulösen.

Mit Hinweis auf die Bankvorschriften ersuchte der Kassierer sie, sich auszuweisen.

Der Frau verschlug es die Sprache. Schließlich stieß sie hervor: „Aber Jonathan, ich bin deine Mutter!"

Wenn Sie das komisch finden, wieso erkennen Sie selbst dann nicht den Messias?

Der Hund, der auf dem Wasser lief

Ein Mann nahm seinen neuen Hund mit auf die Jagd, um ihn zu testen. Er schoß eine Ente, die in den See fiel. Der Hund lief über das Wasser und brachte sie seinem Herrn.

Der Mann war entgeistert. Er schoß eine weitere Ente. Und während er sich ungläubig die Augen rieb, lief der Hund wieder über das Wasser und apportierte die Ente.

Er konnte kaum glauben, was er gesehen hatte und bat daher am folgenden Tag seinen Nachbarn, ihn auf die Jagd zu begleiten. Und wiederum lief der Hund jedesmal, wenn er oder der Nachbar einen Vogel schoß, über das Wasser und holte das Tier. Der Mann sagte nichts, der Nachbar schwieg ebenfalls. Schließlich konnte er aber nicht mehr länger an sich halten und platzte heraus: „Ist Ihnen an dem Hund etwas Seltsames aufgefallen?"

Nachdenklich rieb sich der Nachbar das Kinn. „Ja", sagte er schließlich, „wenn ich es mir richtig überlege, tatsächlich! Der verdammte Kerl kann nicht schwimmen."

Das Leben ist tatsächlich voller Wunder. Mehr noch: es ist wunderbar, und jeder, der es nicht länger als selbstverständlich hinnimmt, wird das sofort bestätigen.

Der Hund, der Karten spielte

„Sie haben aber einen klugen Hund", sagte ein Mann, als er den Freund mit seinem Hund Karten spielen sah.

„Nicht so klug, wie er aussieht", war die Antwort. „Jedesmal, wenn er ein gutes Blatt bekommen hat, wedelt er mit dem Schwanz."

Großmutters Schweigen

Großvater und Großmutter hatten sich gezankt, und Großmutter war so wütend, daß sie nicht mehr mit ihrem Mann sprach.

Am nächsten Tag hatte Großvater den ganzen Streit vergessen, aber Großmutter übersah ihn geflissentlich und machte den Mund nicht auf. Großvater konnte tun, was er wollte, nichts vermochte sie aus ihrem mißmutigen Schweigen zu reißen.

Schließlich begann er, in Schränken und Schubladen herumzuwühlen. Nach einigen Minuten konnte Großmutter es nicht mehr aushalten. „Was um Himmels willen suchst du denn?" fragte sie ärgerlich.

„Gelobt sei Gott, ich habe es gefunden", sagte der Großvater mit verschmitztem Lächeln: „Deine Stimme."

Solltet Ihr Gott suchen, dann sucht anderswo.

Der Suchende und der Teufel

Als der Teufel einen Suchenden in das Haus eines Meisters treten sah, beschloß er, alles in seiner Macht zu tun, um ihn von seiner Suche nach Wahrheit abzubringen.

Also unterwarf er den armen Mann jeder nur möglichen Anfechtung: Reichtum, Sinneslust, Ruhm, Macht, Prestige. Aber der Suchende war in geistlichen Dingen viel zu erfahren und konnte die Versuchung leicht abwehren, so groß war sein Verlangen nach geistlichem Leben.

Als er dann in die Gegenwart des Meisters gelangte, war er einigermaßen überrascht, ihn auf einem Polstersessel sitzend zu sehen und die Schüler zu seinen Füßen. „Diesem Mann fehlt gewiß die Haupttugend der Heiligen, Demut", dachte er bei sich.

Er stellte dann noch andere Dinge an dem Meister fest, die ihm nicht gefielen: erstens schenkte ihm dieser kaum Beachtung. (‚Wahrscheinlich, weil ich nicht wie die anderen vor ihm katzebuckele', sagte er sich). Ihm mißfiel auch die Art der Kleidung des Meisters und die etwas gewählte Redeweise. All das brachte ihn zu der Überzeugung, er sei am falschen Ort und müßte seine Suche anderswo fortsetzen.

Als er den Raum verließ, sagte der Meister, der den Teufel in der Ecke hatte sitzen sehen: „Du hättest dir keine Sorgen zu machen brauchen, Versucher. Er war dein von Anfang an."

So geht es jenen, die in ihrer Suche nach Gott gewillt sind, alles aufzugeben, außer ihren eigenen Vorstellungen von Gott.

Blasen am Ohr des Betrunkenen

Ein Betrunkener mit Brandblasen an beiden Ohren ging auf der Straße spazieren. Ein Freund fragte ihn, wie er sich diese Blasen zugezogen hatte.

„Meine Frau hatte ihr heißes Bügeleisen noch angeschaltet, und als das Telefon läutete, hob ich versehentlich das Eisen ans Ohr."

„Ja, und das andere Ohr?"

„Der Idiot rief noch einmal an."

Menschen würden nie sündigen,
wenn sie wüßten, daß jede Sünde
ihnen selbst Schaden zufügt.
Leider sind die meisten zu abgestumpft,
um sich auch nur entfernt vorstellen zu können,
was sie sich selbst antun.

Der Test des Chirurgen

Ein berühmter Wiener Chirurg erklärte seinen Studenten, daß ein Chirurg zwei Begabungen brauche: er müßte frei von Ekel sein und scharf beobachten können.

Dann steckte er einen Finger in eine ekelerregende Flüssigkeit und leckte ihn ab. Daraufhin forderte er jeden Studenten auf, das gleiche zu tun. Alle rissen sich zusammen und brachten es fertig, ohne eine Miene zu verziehen.

Lächelnd sagte darauf der Chirurg: „Meine Herren, ich beglückwünsche Sie, Sie haben den ersten Test bestanden. Aber leider nicht den zweiten, denn keiner von Ihnen bemerkte, daß der Finger, den ich ableckte, nicht der war, den ich in die Flüssigkeit gesteckt habe."

Ich bin Ihre Köchin

Der Pastor einer modernen Pfarrei überließ es seinen Gemeindedienern, die Besucher nach dem Gottesdienst zu begrüßen. Seine Frau redete ihm zu, diese Aufgabe selbst zu übernehmen. „Wäre es nicht schrecklich, wenn du nach einigen Jahren immer noch nicht die Mitglieder deiner eigenen Gemeinde kennen würdest?" sagte sie.

Also nahm der Pastor nach dem Gottesdienst seinen Platz an der Kirchentür ein. Die erste, die herauskam, war eine einfach gekleidete Frau, offensichtlich ein neues Gemeindemitglied.

„Wie geht es Ihnen? Ich freue mich sehr, Sie hier bei uns zu sehen", sagte er und gab ihr die Hand.

„Danke", sagte die Frau, etwas überrascht.

„Ich hoffe, wir werden Sie öfter in unseren Gottesdiensten sehen. Wir freuen uns immer über neue Gesichter."

„Ja, Herr Pastor."

„Wohnen Sie in dieser Gemeinde?" Die Frau wußte offensichtlich nicht, was sie sagen sollte. „Wenn Sie mir Ihre Adresse geben, werden meine Frau und ich Sie einmal gegen Abend besuchen."

„Da müßten Sie nicht weit gehen, Herr Pastor, ich bin Ihre Köchin."

„Schafft mir den aus den Augen"

Ein Landstreicher stand im Büro eines reichen Mannes und bat um ein Almosen.

Der Mann läutete seiner Sekretärin und sagte: „Sehen Sie diesen armen unglücklichen Mann hier? Seine Zehen gucken aus den Schuhen heraus, die Hosen sind ausgefranst, sein Mantel ist zerlumpt. Ich wette, der Mann hat sich seit Tagen nicht rasiert, nicht geduscht und hat auch nicht anständig gegessen. Es bricht mir das Herz, wenn ich Leute in solch elendem Zustand sehe. Also schafft ihn mir aus den Augen, sofort!"

Ein Mann, der nur noch Stümpfe statt Arme und Beine hatte, bettelte am Straßenrand.

Als ich ihn zum ersten Mal sah, fühlte ich mich so schuldbewußt, daß ich ihm ein Almosen gab.

Beim zweiten Mal gab ich weniger.

Beim dritten Mal übergab ich ihn kaltblütig der Polizei, weil er in der Öffentlichkeit gebettelt und Ärgernis erregt hatte.

Einer von euch ist der Messias

Ein in seiner Höhle im Himalaya meditierender Guru öffnete die Augen und erblickte einen unerwarteten Besucher – den Abt eines wohlbekannten Klosters.

„Was sucht Ihr?" fragte der Guru.

Der Abt erzählte eine leidvolle Geschichte. Sein Kloster war einst in der ganzen westlichen Welt berühmt. Junge Aspiranten füllten die Zellen, und seine Kirche hallte wider vom Gesang der Mönche. Aber das Kloster hatte schwere Zeiten durchzumachen. Die Menschen strömten nicht mehr herbei, um geistige Nahrung aufzunehmen, der Zustrom junger Aspiranten war versiegt, in der Kirche war es still geworden. Nur ein paar Mönche waren geblieben, und sie gingen schweren Herzens ihren Aufgaben nach. Der Abt wollte nun wissen: „Ist das Kloster um unserer Sünde willen in einen solchen Zustand verfallen?"

„Ja", sagte der Guru, „die Sünde der Ahnungslosigkeit."

„Und was ist das für eine Sünde?"

„Einer von euch ist der Messias – verkleidet – und ihr merkt es nicht." Nachdem er das gesagt hatte, schloß der Guru seine Augen und versank wieder in Meditation.

Während der beschwerlichen Rückreise zum Kloster schlug das Herz des Abtes schneller bei dem Gedanken, daß der Messias – der Messias in Person – auf die Erde zurückgekehrt war und sich in seinem Kloster befand. Wie war es möglich, daß er ihn nicht erkannt hatte? Und wer konnte es sein? Der Bruder Koch? Der Bruder Sakristan? Der Bruder Verwalter? Der Bruder Prior? Nein, der nicht, er hatte leider zuviele Fehler. Aber der Guru hatte doch gesagt, der Messias wäre da in Verkleidung. Konnten diese Fehler gerade seine Verkleidung sein? Bei genauerer Überlegung hatte jeder im Kloster seine Fehler. Und einer von ihnen mußte der Messias sein!

Als er wieder im Kloster war, versammelte er die Mönche und sagte ihnen, was er gehört hatte. Ungläubig guckten sie einander an. Der Messias? Hier? Unglaublich! Und doch hieß es, er sei hier in Verkleidung. Wenn es nun der und der wäre? Oder der dort drüben? Oder ...

Eine Sache war sicher: wenn der Messias sich hier verkleidet befand, war es nicht sehr wahrscheinlich, daß sie ihn erkennen würden. Also ließen sie es sich angelegen sein, jeden respektvoll und mit Rücksicht zu behandeln. „Man kann nie wissen", sagten sie sich, wenn sie miteinander zu tun hatten, „vielleicht ist es gerade der."

Die Folge war, daß im Kloster eine ansteckend fröhliche Stimmung herrschte. Aspiranten bemühten sich bald wieder um Aufnahme in den Orden und erneut hallte die Kirche wider von dem frommen und frohgemuten Gesang der Mönche, die vom Geist der Liebe beseelt waren.

Was nützen Augen, wenn das Herz blind ist?

Der Gefangene und die Ameise

Ein Gefangener lebte jahrelang in Einzelhaft. Er sah und sprach mit niemand, und seine Mahlzeiten wurden durch eine Maueröffnung gereicht.

Eines Tages kam eine Ameise in seine Zelle. Der Mann betrachtete sie fasziniert, als sie im Raum umherkroch. Er hielt sie auf seiner Handfläche, um sie besser beobachten zu können, gab ihr ab und zu ein Krümel und behielt sie während der Nacht unter seinem Blechgeschirr.

Schließlich wurde ihm klar, daß es zehn langer Jahre Einzelhaft bedurft hatte, um ihm die Augen für die Schönheit einer Ameise zu öffnen.

Als ein Freund den spanischen Maler El Greco an einem herrlichen Frühlingsnachmittag in seinem Haus besuchte, fand er ihn im Zimmer bei zugezogenen Vorhängen.

„Komm heraus in die Sonne", sagte der Freund.

„Jetzt nicht", erwiderte El Greco, „sie würde das Licht stören, das in mir scheint."

Der blinde Rabbi

Der alte Rabbi war blind geworden und konnte weder lesen noch seine Besucher anblicken.

Ein Gesundbeter sagte zu ihm: „Vertrau dich mir an, und ich werde deine Blindheit heilen."

„Das ist nicht nötig", erwiderte der Rabbi. „Ich kann alles sehen, was ich sehen muß."

Nicht jeder, dessen Augen geschlossen sind, schläft.
Und nicht jeder kann sehen, dessen Augen offen sind.

RELIGION

Der Bahnhof bei den Bahngleisen

Müder Reisender: „Warum um Himmels willen haben sie den Bahnhof drei Kilometer vom Dorf entfernt gebaut?"

Gefälliger Gepäckträger: „Sicher hielten sie es für eine gute Idee, ihn nicht zu weit von den Zügen zu bauen, Sir."

Ein hypermoderner Bahnhof, drei Kilometer von den Gleisen entfernt, ist genau so absurd wie ein viel besuchtes Gotteshaus, das drei Zentimeter neben dem Leben liegt.

Der Kamakura Buddha

Der Kamakura Buddha war in einem Tempel aufgestellt, bis eines Tages ein mächtiger Sturm den Tempel zerstörte. Dann blieb die riesige Statue viele Jahre Sonne, Regen und Wind ausgesetzt und mußte den Unbilden des Wetters standhalten.

Als ein Priester Geld zu sammeln begann, um den Tempel wieder aufzubauen, erschien ihm die Statue im Traum und sagte: „Dieser Tempel war ein Gefängnis, kein Zuhause. Laßt mich draußen, den Wechselfällen des Lebens ausgesetzt. Dorthin gehöre ich."

Dov Ber und Baal Schem

Dov Ber war ein ungewöhnlicher Mann. In seiner Nähe begannen die Menschen zu zittern. Er war ein angesehener Talmud-Gelehrter, unbeugsam und unerbittlich in seiner Lehre. Und er lachte nie. Er glaubte fest an Selbstkasteiung, und man wußte, daß er tagelang ununterbrochen fastete. Schließlich gewannen die Entbehrungen die Oberhand. Dov Ber wurde ernstlich krank, und die Ärzte konnten ihm nicht helfen. Als letzten Ausweg schlug jemand vor: „Warum nicht Baal Schem Tov um Hilfe bitten?"

Dov Ber willigte ein, obgleich er zunächst nicht viel von der Idee hielt. Für ihn war Baal Schem so etwas wie ein Ketzer, den er scharf verurteilte. Während nämlich Dov Ber glaubte, Leben könne nur sinnvoll werden durch Kummer und Leid, versuchte Baal Schem Schmerzen zu lindern und predigte öffentlich, daß Lebensfreude dem Dasein einen Sinn gebe.

Mitternacht war vorbei, als Baal Schem der Aufforderung nachkam und gut gekleidet in einem Wollmantel und mit einer kostbaren Pelzkappe das Krankenzimmer betrat. Er überreichte Dov Ber das Buch der Herrlichkeit. Der Kranke schlug es auf und begann, laut zu lesen.

Schon nach einer Minute, so wurde erzählt, unterbrach ihn Baal Schem. „Etwas fehlt", sagte er, „Eurem Glauben fehlt etwas."

„Und was ist das?" fragte der kranke Mann.

„Die Seele", sagte Baal Schem Tov.

Der verbrannte Buddha

In einer kalten Winternacht bat ein Asket um Unterkunft in einem Tempel. Der arme Mann stand zitternd im Schnee, so daß der Tempelpriester, wenn auch ungern, sagte: „Gut, du kannst hierbleiben, aber nur eine Nacht. Das ist ein Gotteshaus und kein Hospiz. Morgen mußt du weiterziehen."

Mitten in der Nacht hörte der Priester ein seltsames knisterndes Geräusch. Er stürzte in den Tempel, und was er sah, war unglaublich. Der Fremde wärmte sich an einem Feuer, das er in der Kirche entfacht hatte. Eine hölzerne Buddha-Statue fehlte. Der Priester fragte: „Wo ist die Statue?"

Der Wanderer zeigte auf das Feuer und sagte: „Ich dachte, ich würde erfrieren."

Der Priester schrie: „Bist du verrückt? Weißt du, was du getan hast? Das war eine Buddha-Statue. Du hast den Buddha verbrannt!"

Das Feuer verlöschte langsam. Der Pilger starrte hinein und stocherte in der Glut.

„Was machst du jetzt?" schrie der Priester.

„Ich suche die Knochen des Buddha, den ich verbrannt haben soll."

Der Priester erzählte den Vorfall später einem Zen Meister, der sagte: „Du mußt ein schlechter Priester sein, wenn dir ein toter Buddha mehr gilt als ein lebendiger Mensch."

Die unsichtbaren Bücher

Tetsugen, ein Schüler des Zen, machte sich an eine gewaltige Aufgabe: den Druck von siebentausend Kopien der Sutren, die bis dahin nur in Chinesisch verfügbar waren.

Er reiste kreuz und quer durch Japan, um Geld für dieses Projekt zu sammeln. Einige reiche Leute spendeten wohl an die hundert Goldstücke, aber meistens bekam er nur kleine Münzen von Bauern. Tetsugen sprach jedem Spender den gleichen Dank aus, ungeachtet der Höhe der Spende.

Nach zehn langen Jahren des Umherreisens hatte er endlich die für das Unternehmen nötige Summe zusammen. Gerade zu dieser Zeit trat der Fluß Uji über die Ufer, und Tausende waren ohne Nahrung und Unterkunft. Tetsugen gab alles Geld, das er gesammelt hatte, diesen armen Leuten.

Dann begann er von neuem, Gelder zu sammeln. Wieder dauerte es mehrere Jahre, bis er die benötigte Summe hatte. Da brach im Land eine Epidemie aus, und wieder gab Tetsugen das gesammelte Geld den Opfern.

Er nahm von neuem seine Reise auf und zwanzig Jahre später wurde sein Traum, die Schriften auf Japanisch drucken zu lassen, wahr.

Der Druckstock dieser ersten Ausgabe der Sutren ist im Obaku Kloster in Kyoto ausgestellt. Die Japaner erzählen ihren Kindern, Tetsugen habe im ganzen drei Ausgaben der Sutren drucken lassen, die ersten beiden seien unsichtbar und weit wertvoller als die dritte.

Der richtige Ort für einen Tempel

Zwei Brüder, der eine verheiratet, der andere nicht, besaßen eine Farm, deren fruchtbarer Boden reichlich Korn hervorbrachte. Die Ernte wurde zwischen den Brüdern geteilt.

Zuerst ging alles gut. Doch auf einmal begann der verheiratete Bruder nachts aufzuschrecken und dachte: „Das ist nicht gerecht. Mein Bruder ist nicht verheiratet, und er bekommt die halbe Ernte. Ich dagegen habe Frau und fünf Kinder, so daß mein Alter gesichert ist. Aber wer wird für meinen armen Bruder sorgen, wenn er alt ist? Er muß viel mehr für die Zukunft sorgen, als er es im Augenblick tut, deshalb ist sein Bedarf bestimmt größer als der meine."

Bei diesen Gedanken stand er auf, schlich sich hinüber zu der Behausung seines Bruders und schüttete einen Sack Korn in dessen Scheune.

Auch der Junggeselle begann von diesen nächtlichen Anwandlungen überfallen zu werden. Ab und zu fuhr er aus dem Schlaf hoch und sagte sich: „Das ist einfach nicht gerecht. Mein Bruder hat eine Frau und fünf Kinder, und er bekommt die Hälfte der Ernte. Ich aber muß nur mich selbst versorgen. Ist es also richtig, daß mein Bruder, dessen Bedarf bestimmt größer ist als der meine, genau soviel bekommt wie ich?" Also stand er auf und schüttete einen Sack Korn in die Scheune seines Bruders.

Eines Nachts standen sie gleichzeitig auf und trafen sich, jeder mit einem Sack Korn auf dem Rücken.

Viele Jahre nach ihrem Tod wurde die Geschichte bekannt, und als die Bürger einen Tempel errichten wollten, bauten sie ihn dort, wo sich die beiden Brüder getroffen hatten, denn das schien ihnen der heiligste Platz der Stadt zu sein.

Der entscheidende religiöse Unterschied liegt nicht zwischen denen, die Gott verehren und jenen, die ihn nicht verehren, sondern den, die lieben und den, die nicht lieben.

Gott wird damit fertig

Eines Tages stürzte ein reicher Farmer ins Haus und rief mit ängstlicher Stimme: „Rebecca, in der Stadt wird eine schreckliche Geschichte erzählt – der Messias ist da!"

„Was ist daran so schrecklich?" fragte seine Frau. „Ich finde es großartig. Warum regst du dich so auf?"

„Warum ich mich aufrege?" rief der Mann. „Nach all diesen Jahren voll Schweiß und Mühe, haben wir endlich einen bescheidenen Wohlstand erreicht. Wir haben tausend Stück Vieh, unsere Scheunen sind voll von Korn und unsere Bäume tragen reichlich Frucht. Nun werden wir das alles hergeben und ihm nachfolgen müssen."

„Beruhige dich", sagte die Frau tröstend, „der Herr, unser Gott ist ein guter Gott. Er weiß, wie sehr wir Juden immer leiden mußten. Wir hatten einen Pharao, einen Haman, einen Hitler – da war immer jemand. Aber unser Gott fand stets einen Weg, mit ihnen fertig zu werden. Ist es nicht so? Vertraue auf ihn, lieber Mann. Er wird auch mit dem Messias fertig werden."

Das Risiko, auserwählt zu sein

Goldstein, 92 Jahre alt, hatte Pogrome in Rußland erlebt, die Konzentrationslager in Deutschland und viele andere Judenverfolgungen.

„Oh, Herr", sagte er, „es stimmt doch wohl, wir sind dein auserwähltes Volk?"

Eine himmlische Stimme antwortete: „Ja, Goldstein, die Juden sind mein auserwähltes Volk."

„Meinst du nicht, es ist an der Zeit, jemand anderen auszuwählen?"

Laß den Zweig los

Ein Atheist fiel von einer Klippe. Beim Hinunterstürzen packte er den Zweig eines kleinen Baumes. Dort hing er nun zwischen dem Himmel und den dreihundert Meter tiefer liegenden Felsen, wohl wissend, daß er sich nicht viel länger würde festhalten können.

Plötzlich kam ihm eine Idee. „Gott", rief er, so laut er konnte. Schweigen, niemand antwortete.

„Gott", schrie er noch einmal. „Wenn es dich gibt, rette mich, und ich verspreche, daß ich an dich glauben und andere glauben lehren werde."

Wieder Schweigen. Dann ließ er den Zweig vor Schreck

beinahe los, als eine kräftige Stimme über den Canyon dröhnte: „Das sagen sie alle, wenn Not an Mann ist."

„Nein, Gott, nein", rief er laut, nun etwas hoffnungsvoller geworden. „Ich bin nicht wie die anderen. Ich habe ja schon begonnen zu glauben, merkst du das nicht, ich habe ja schon deine Stimme vernommen. Nun mußt du mich bloß retten, und ich werde deinen Namen bis an die Enden der Welt verkünden."

„Gut", sagte die Stimme, „ich werde dich retten. Laß den Zweig los."

„Den Zweig loslassen?" schrie der verzweifelte Mann. „Hältst du mich für verrückt?"

Es heißt, das erwartete Wunder geschah nicht, als Moses seinen Stab in das Rote Meer warf, sondern nachdem der erste Mensch sich selbst hineinstürzte, wichen die Wellen zurück, und das Wasser teilte sich, um den Israeliten eine sichere Furt zu gewähren.

Legt die Decke auf die Erde

Mulla Nasrudins Haus stand in Flammen, also lief er auf's Dach, um sich in Sicherheit zu bringen. Dort hockte er gefährlich nahe am Rand. Unterdessen versammelten sich seine Freunde unten auf der Straße, hielten eine Decke auf und riefen: „Spring, Mulla, spring!"

„Nein, das tue ich nicht", sagte der Mulla. „Euch Burschen kenne ich. Wenn ich springe, zieht ihr die Decke weg, bloß um mich zum Narren zu halten!"

„Sei nicht töricht, Mulla. Das hier ist kein Spaß. Es ist ernst, spring!"

„Nein", sagte Nasrudin, „ich traue keinem von euch. Legt die Decke auf die Erde, dann werde ich springen."

Wenn Gott mir nicht trauen sollte

Ein alter Geizkragen wurde bei seinen Gebeten belauscht: „Wenn der Allmächtige, Sein Heiliger Name sei gepriesen immerdar, mir hunderttausend Dollar schenkte, gäbe ich zehntausend den Armen. Das verspreche ich. Und wenn der Allmächtige, möge sein Lobpreis erschallen immerdar, mir nicht trauen sollte, dann möge er die zehntausend im voraus abziehen und mir nur den Rest ausbezahlen."

Keine Hoffnung mehr?

Pilot an die Passagiere während des Fluges: „Ich muß Ihnen leider mitteilen, daß wir große Schwierigkeiten haben. Nur Gott kann uns noch retten."

Ein Passagier fragte einen Priester, was der Pilot gesagt habe. Er bekam folgende Antwort: „Er sagt, keine Hoffnung mehr."

Wem sollte Gott dann vergeben?

Ein Sufi-Heiliger, auf Pilgerreise nach Mekka, sah zu seiner Freude nur wenige Pilger bei dem Heiligtum, so daß er seine Andacht in Ruhe verrichten konnte.

Nachdem er die vorgeschriebenen religiösen Übungen ausgeführt hatte, kniete er nieder, berührte mit der Stirn den Boden und sagte: „Allah, ich habe nur einen Wunsch im Leben. Gib mir die Gnade, daß ich dich nie mehr kränke."

Als der All-Barmherzige das hörte, lachte er laut und sagte: „Darum bitten sie alle. Aber wenn ich jedem diese Gnade gewährte, sag mir, wem sollte ich dann vergeben?"

Als der Sünder gefragt wurde, wie er es fertigbrächte, so furchtlos in den Tempel zu gehen, antwortete er: „Es gibt keinen Menschen, den der Himmel nicht überspannt, und keinen, den die Erde nicht trägt – und Gott, ist Er nicht jedermanns Himmel und Erde?"

Fachleute im Toreöffnen

Ein Priester befahl seinem Diakon, zehn Männer zusammenzurufen, um die Gebete zur Gesundung eines kranken Mannes zu sprechen.

Als sie sich versammelt hatten, flüsterte einer dem Priester ins Ohr: „Unter diesen Männern sind einige berüchtigte Diebe."

„Um so besser", sagte der Priester, „wenn die Tore der Gnade verschlossen sind, sind sie die Fachleute, die sie öffnen können."

Verfolgen, um zu retten

Eines Tages zog ein Reisender die Straße entlang, als ein Reiter vorbeigaloppierte. Seine Augen blickten böse, und an seinen Händen war Blut.

Einige Minuten später verhielt eine Schar von Reitern neben ihm und wollte wissen, ob er jemand mit Blut an den Händen hatte vorbeireiten sehen. Sie waren ihm hart auf den Fersen.

„Wer ist er?" fragte der Reisende.

„Ein Übeltäter", erwiderte der Anführer.

„Und ihr verfolgt ihn, um ihn der Gerechtigkeit zu überantworten?"

„Nein", sagte der Anführer, „wir verfolgen ihn, um ihm den Weg zu zeigen."

Nur Versöhnung wird die Welt retten,
nicht Gerechtigkeit,
die im allgemeinen nur ein anderes Wort für Rache ist.

Schau direkt auf den Mond

Der Dichter Awhadi aus Kerman saß eines Nachts über ein Gefäß gebeugt vor seiner Tür. Der Sufi Shams aus Täbris kam zufällig vorbei. „Was tust du?“ fragte er den Dichter.

„Ich betrachte den Mond in einer Schale voll Wasser“, lautete die Antwort.

„Warum blickst du nicht direkt auf den Mond am Himmel, oder hast du dir etwa den Hals gebrochen?“

Wörter sind unzureichende Abbilder der Wirklichkeit. Ein Mann dachte, er kenne das Taj Mahal, weil man ihm ein Stück Marmor gezeigt und gesagt hatte, das Taj Mahal sei nichts weiter als eine Anhäufung solcher Steine. Ein anderer war überzeugt, er kenne die Niagara-Fälle, weil er Niagara-Wasser in einem Eimer gesehen hatte.

Haben Sie ein schönes Baby!“

„Das ist gar nichts. Sie sollten Fotos von ihm sehen!“

Der Mond von oben betrachtet

Wörter (und Begriffe) sind Bezeichnungen, nicht Spiegelungen der Wirklichkeit.
Aber, sagen die östlichen Mystiker,
wenn der Weise auf den Mond zeigt,
sieht der Dummkopf nur den Finger!

Eines Nachts stolperte ein Betrunkener über eine Brücke und stieß mit einem Freund zusammen. Die beiden lehnten sich über das Geländer und schwatzten eine Weile.

„Was ist das da unten?" fragte plötzlich der Betrunkene.

„Das ist der Mond", sagte der Freund.

Der Betrunkene blickte noch einmal hin, schüttelte ungläubig den Kopf und sagte: „Okay, okay! Aber wie zum Teufel bin ich hier hinaufgekommen?"

Wir sehen fast nie die Wirklichkeit.
Was wir sehen, ist ihre Spiegelung
in Form von Wörtern und Begriffen,
die wir uns dann als Wirklichkeit aneignen.
Die Welt, in der wir leben,
ist zum großen Teil ein Gedankengebäude.

Das verlorene Motto

Menschen ernähren sich von Worten,
leben durch Worte,
würden ohne Worte zerbrechen.

Ein Bettler zupfte einen Passanten am Ärmel und bat um Geld, weil er sich eine Tasse Kaffee kaufen wollte. Und das war seine Geschichte: „Es gab eine Zeit, Sir, da war ich ein reicher Kaufmann, genau wie Ihr. Den ganzen Tag arbeitete ich hart. Auf meinem Schreibtisch stand der Leitspruch: *kreativ denken, entschlossen handeln, gefährlich leben.* Nach diesem Motto lebte ich – und das Geld strömte nur so herein. Und dann ... und dann ... (der Bettler zitterte vor Schluchzen) ... warf die Putzfrau mein Motto in den Mülleimer."

Wenn du den Tempelhof fegst,
halte nicht inne, um alte Zeitungen zu lesen.
Wenn du dein Herz reinigst,
halte nicht inne, um mit Worten zu flirten.

Wo bin ich?

Es war einmal ein Mann, der war sehr dumm. Jeden Morgen, wenn er aufwachte, fiel es ihm so schwer, seine Kleidung wiederzufinden, daß er beinahe Angst hatte, ins Bett zu gehen, bei dem Gedanken, welche Mühe er beim Aufwachen haben würde.

Eines Nachts ergriff er Bleistift und Schreibblock und schrieb genau die Bezeichnung jedes Kleidungsstückes auf, das er auszog, und die Stelle, wohin er es legte. Am nächsten Morgen zog er seinen Block heraus und las: „Hosen" – da waren sie, er zog sie an. „Hemd", da war es, er zog es sich über den Kopf. „Hut", da war er, er stülpte ihn sich auf den Kopf.

Darüber war er sehr erfreut, bis ihm ein schrecklicher Gedanke kam. „Und ich – wo bin ich?" Das hatte er vergessen, aufzuschreiben. Also suchte und suchte er, aber vergebens. Er konnte sich selbst nicht finden.

Wie steht's mit denen, die sagen:
„Ich lese dieses Buch, um zu erfahren, wer ich bin."

Die Weisheit entdecken

Einer der berühmtesten Weisen im alten Indien war Svetaketu.

Und so wurde er weise: als er erst sieben Jahre alt war, wurde er von seinem Vater zum Studium der Veden fortgeschickt. Durch Fleiß und Intelligenz übertraf der Junge alle seine Mitschüler, bis er schließlich als der größte lebende Experte der Heiligen Schriften galt und zwar schon in jungen Jahren.

Als er zurückkam, wollte sein Vater das Wissen seines Sohnes auf die Probe stellen. Und er stellte ihm folgende Frage: „Hast du gelernt, daß durch Lernen jedes weitere Lernen überflüssig wird? Hast du entdeckt, daß durch das Entdecken jedes Leid aufhört? Hast du das gemeistert, was nicht gelehrt werden kann?"

„Nein", sagte Svetaketu.

„Dann ist alles, was du in diesen Jahren gelernt hast, wertlos, mein Sohn", sagte der Vater.

Svetaketu war von der Wahrheit der väterlichen Worte so beeindruckt, daß er aufbrach, um durch Schweigen die Weisheit zu entdecken, die in Worten nicht ausgedrückt werden kann.

Wenn der Teich austrocknet,
und die Fische auf dem Trockenen liegen,
genügt es nicht, sie mit dem eigenen Atem zu befeuchten
oder mit Speichel zu benetzen,
man muß sie zurückwerfen in den See.
Versucht nicht,
Menschen zu beleben durch Lehrmeinungen,
werft sie zurück in die Wirklichkeit.
Denn das Geheimnis des Lebens
findet man im Leben selbst,
nicht in Lehren über das Leben.

Die Speisekarte ist ungenießbar

Ein Suchender fragte den Sufi Jalaluddin Rumi, ob der Koran ein gutes Buch sei, dessen Lektüre sich lohne.

Er antwortete: „Du solltest dich eher fragen, ob dein Zustand es dir erlaubt, davon zu profitieren."

Ein christlicher Mystiker pflegte in bezug auf die Bibel zu sagen: „Eine Speisekarte ist sicher sehr nützlich, aber essen kann man sie nicht."

Der Vorteil

Ein Kind im Geographieunterricht: „Der Vorteil der Längen- und Breitengrade besteht darin, daß man beim Ertrinken die genaue Lage in Längen- und Breitengraden angeben und daher gefunden werden kann."

Weil es ein Wort für Weisheit gibt,
glauben die Menschen zu wissen, was das ist.
Aber niemand wird ein Astronom, weil er die Bedeutung des
Wortes ‚Astronomie' versteht.

Wenn das Thermometer durch Anhauchen steigt,
wird das Zimmer dadurch nicht wärmer.

Lesen können

In der Ecke einer Bibliothek in Japan saß jeden Tag ein alter Mönch in friedlicher Meditation.

„Ich sehe Euch nie die Sutren lesen", sagte der Bibliothekar.

„Ich habe nie lesen gelernt", erwiderte der Mönch.

„Das ist eine Schande. Ein Mönch wie Ihr sollte lesen können. Soll ich es Euch lehren?"

„Ja. Sagt mir, was bedeutet dieses Schriftzeichen?", sagte der Mönch und zeigte auf sich.

Warum eine Fackel entzünden,
wenn die Sonne am Himmel scheint?
Warum den Erdboden bewässern,
wenn der Regen herniederprasselt?

Die große Offenbarung

Ein Guru versprach einem Gelehrten eine Offenbarung von größerer Bedeutung als alles, was in den Schriften stand.

Als der Gelehrte ungeduldig darum bat, sie ihm mitzuteilen, sagte der Guru: „Geh hinaus in den Regen und recke Kopf und Arme himmelwärts. Das wird dir die erste Offenbarung bescheren."

Am nächsten Tag kam der Gelehrte und berichtete. „Ich folgte deinem Rat, und das Wasser floß mir den Nakken hinab. Und ich fühlte mich wie ein vollkommener Narr."

„Findest du nicht", sagte der Guru, „daß das für den ersten Tag schon eine ganz schöne Offenbarung ist?"

Der Dichter Kabir sagt:
Was nützt es, wenn der Gelehrte über Worten und Sinn von diesem und jenem nachgrübelt, sein Herz aber nicht durchtränkt ist von Liebe?

Was nützt es, wenn sich der Asket in safrangelbe Kleidung hüllt, aber innerlich farblos ist?

Was nützt es, sein moralisches Verhalten so aufzupolieren, daß es glänzt, aber im Inneren nicht dafür geradesteht?

Ein Licht

Schüler: Was ist der Unterschied zwischen Wissen und Erleuchtung?

Meister: Wenn du Wissen besitzt, nimmst du ein Licht, um den Weg zu erkennen. Wenn du erleuchtet bist, wirst du selbst zum Licht.

Sich zu erkennen geben

Ein Fallschirmspringer sprang aus einem Flugzeug. Es war windig, und ein mächtiger Sturm trieb ihn hundert Meilen von seiner Bahn ab. Sein Schirm verfing sich in einem Baum, und dort hing er nun stundenlang in der Luft und rief um Hilfe.

Schließlich kam jemand vorbei. „Wie sind Sie auf diesen Baum gekommen?" fragte er.

Der Fallschirmspringer sagte es ihm, und fragte dann: „Wo bin ich?"

„Auf einem Baum", lautete die Antwort.

„He! Sie müssen ein Geistlicher sein!"

Der Fremde war verblüfft. „Ja, das bin ich. Wie kommen Sie darauf?"

„Weil das, was Sie sagten, durchaus richtig ist, und dennoch völlig überflüssig."

Er spielt Geige

Ein paar Leute genossen die Musik in einem chinesischen Restaurant. Auf einmal stimmte ein Solist eine irgendwie vertraute Melodie an; jedermann erkannte sie, aber niemand erinnerte sich an den Namen. Sie winkten den prächtig gekleideten Kellner herbei und baten ihn, herauszufinden, was der Musiker spielte. Der Kellner watschelte durch das Lokal, kehrte mit triumphierendem Gesicht zurück und erklärte, laut flüsternd: „Geige."

Der Beitrag des Gelehrten zur Spiritualität!

Entschiedene Nachfolge

Wenn eine Million Menschen dir folgt,
mußt du dich fragen, wo du falsch gegangen bist.

Ein jüdischer Autor erklärt, daß Juden keine Proselytenmacher seien. Die Rabbis müssen drei gesonderte Versuche unternehmen, um eventuelle Konvertiten zu entmutigen!

Spiritualität ist für die Elite. Sie wird keinen Kompromiß eingehen, um akzeptiert zu werden, also wird sie den Massen nicht genehm sein, die Sirup und nicht Medizin wollen. Als einmal große Menschenmassen Jesus folgten, sagte er ihnen folgendes:

„Wer von Euch käme auf den Gedanken, einen Turm zu bauen, ohne zunächst die Kosten zu veranschlagen, um beurteilen zu können, ob er in der Lage sein wird, ihn auch fertig zu bauen? Oder welcher König wird sich einem anderen in einer Schlacht stellen, ohne sich zunächst zu überlegen, ob er mit 10000 Soldaten gegen einen Feind antreten kann, der über 20000 verfügt? Wenn er es nicht kann, wird er lange vor Herannahen des Feindes Boten aussenden, um sich mit ihm zu vergleichen. Also kann auch niemand von euch mein Jünger werden, ohne die Bereitschaft, auf jeden Besitz zu verzichten."

Die Menschen wollen nicht Wahrheit.
Sie wollen Beruhigung.

Gelehrtheit

Ein Meister hörte erstaunt aus seinem Hof Gezank und Geschrei. Als man ihm sagte, einer seiner Schüler verursache diesen Lärm, ließ er ihn holen und fragte ihn, was das zu bedeuten habe.

„Da ist eine Gruppe von Gelehrten, die Euch besuchen will. Ich habe ihnen gesagt, daß Ihr nicht Eure Zeit mit Menschen verschwendet, deren Köpfe mit Buchwissen und Gedanken vollgestopft, aber bar jeder Weisheit seien. Das ist die Art von Leuten, die in ihrer Selbstgefälligkeit Dogmen begründen und zwischen den Menschen Uneinigkeit schaffen."

Der Meister lächelte. „Wie wahr, wie wahr", murmelte er. „Aber sag mir, ist nicht dein Hochmut, sich von diesen Gelehrten unterscheiden zu wollen, der Grund der gegenwärtigen Auseinandersetzung und Uneinigkeit?"

Ein wirklicher Rabbi

Einem Hindu-Weisen wurde das Leben Jesu vorgelesen. Als er erfuhr, wie Jesus von seinem Volk in Nazareth abgelehnt wurde, rief er: „Ein Rabbi, dessen Gemeinde ihn nicht aus der Stadt jagen will, ist kein Rabbi."

Und als er erfuhr, daß es Priester waren, die Jesus zum Tode verurteilten, sagte er seufzend: „Es ist schwierig für Satan, die ganze Welt irrezuführen, also beauftragt er damit prominente Geistliche überall in der Welt."

Die Klage eines Bischofs: „Überall, wohin Jesus kam, gab es Revolution; überall, wohin ich komme, bietet man mir Tee an."

Der wiederauferstandene Philosoph

Ein Philosoph aus der Antike, der schon viele Jahrhunderte tot war, erfuhr, daß seine Lehren von seinen Anhängern verfälscht wurden. Da er ein mitfühlender und wahrheitsliebender Mensch war, wurde seinen Bemühungen stattgegeben und er erhielt die Gnade, für kurze Zeit auf die Erde zurückzukehren.

Er benötigte mehrere Tage, seine Nachfolger von seiner Identität zu überzeugen. Als das gelungen war, verloren sie sofort jedes Interesse an allem, was er zu sagen hatte und baten ihn, das Geheimnis zu enthüllen, wie er aus dem Grab wieder zurück in das Leben gekommen sei.

Es kostete ihn große Mühe, sie zu überzeugen, daß es keine Möglichkeit gab, ihnen dieses Geheimnis mitzuteilen, zum Wohle der Menschheit es aber unendlich viel wichtiger wäre, seine Lehre in ihrer ursprünglichen Reinheit wiederherzustellen.

Vergebliches Unterfangen! Sie sagten ihm: „Seht Ihr nicht, daß Eure Lehre nicht wichtig ist, wohl aber unsere Interpretation dieser Lehre. Schließlich seid Ihr nur ein Zugvogel, während wir hier ständig leben.“

Wenn Buddha stirbt, werden seine Schulen langweilig.

Was ist Materie?

Philosophen, Theologen und Rechtsgelehrte waren im Gericht versammelt, vor dessen Schranken Mulla Nasrudin stand. Die Anklage wog schwer; er war von einer Stadt zur anderen gezogen und hatte verkündet: „Eure sogenannten religiösen Führer sind unwissend und mißverständlich." Also wurde er der Ketzerei angeklagt, worauf die Todesstrafe stand.

„Ihr dürft Euch als erster äußern", sagte der Kalif.

Der Mulla war durchaus selbstbewußt. „Laßt Papier und Feder bringen", sagte er, „und verteilt sie unter den zehn weisesten Männern dieser erlauchten Versammlung."

Zu Nasrudins Belustigung brach unter den heiligen Männern ein großes Gezanke aus, wer nun die weisesten waren. Als sich die Aufregung legte, und jeder der zehn Auserwählten mit Papier und Feder versehen war, sagte der Mulla: „Jeder von ihnen möge die Antwort auf folgende Frage niederschreiben: *Woraus besteht Materie?*"

Die Antworten wurden aufgeschrieben und dem Kalifen übergeben, der sie vorlas. Einer sagte: „Sie besteht aus Nichts." Ein anderer: „Molekülen." Wieder ein anderer: „Energie." Andere: „Licht", „Ich weiß es nicht", „Metaphysisches Sein" usw.

Sagte Nasrudin zu dem Kalifen: „Wenn sie sich einig werden sollten darüber, was Materie ist, dann werden sie fähig sein, Fragen des Geistes zu beantworten. Ist es nicht seltsam, daß sie sich nicht einigen können über etwas, aus dem sie selbst bestehen und dennoch einstimmig in ihrem Urteil sind, ich sei ein Ketzer?"

Nicht die Verschiedenheit unserer Dogmen richtet Schaden an, sondern unser Dogmatismus.
Wenn also jeder von uns das täte, was nach seiner festen Überzeugung, der Wille Gottes ist,
wäre das Ergebnis ein absolutes Chaos.
Gewißheit ist von Übel.
Der geistliche Mensch kennt Ungewißheit
– ein Geisteszustand, der dem religiösen Fanatiker unbekannt ist.

Der Fischer als Gottesmann

Eines Nachts schlich ein Fischer in das Anwesen eines reichen Mannes und warf sein Netz in einen See voller Fische. Der Besitzer hörte ihn und schickte seine Wachen aus. Als der Fischer sie mit erleuchteten Fackeln überall nach ihm suchen sah, beschmierte er schnell seinen Körper mit Asche und setzte sich unter einen Baum, wie es heilige Männer in Indien zu tun pflegen.

Der Besitzer und seine Wachen konnten keinen Wilderer entdecken, obgleich sie lange Zeit suchten. Sie fanden nur einen mit Asche bedeckten heiligen Mann, der in Meditation versunken unter einem Baum saß.

Am nächsten Tag verbreitete sich überall die Nachricht, daß ein großer Weiser geruhte, auf dem Anwesen des reichen Mannes Aufenthalt zu nehmen. Mit Blumen, Früchten und Essen strömten die Menschen herbei, sogar mit Geld, um ihre Ehrerbietung zu bekunden, denn man hing dem frommen Glauben an, Gaben an einen heiligen Mann bringen dem Geber Gottes Segen.

Der Fischer, zum Weisen geworden, wunderte sich über sein Glück. „Es ist leichter, seinen Lebensunterhalt mit dem Glauben dieser Leute zu verdienen, als durch meiner

Hände Arbeit", sagte er sich. Also meditierte er weiter und tat keinen Handschlag mehr.

König und Priester

Ein König träumte, er sähe einen König im Paradies und einen Priester in der Hölle. Er fragte sich, wie das möglich sei, als er eine Stimme hörte: „Der König ist im Paradies, weil er die Priester respektierte; der Priester ist in der Hölle, weil er sich mit Königen arrangierte."

Was bedrückt dich?

Rabbi Abraham hatte ein exemplarisches Leben geführt. Und als seine Zeit gekommen war, verließ er diese Welt, begleitet von den Segenswünschen seiner Gemeinde, die in ihm schon längst einen Heiligen sah und ihn als die Ursache aller Segnungen betrachtete, die sie von Gott erhalten hatten.

Am anderen Ende spielte sich dasselbe ab, denn die Engel kamen ihm entgegen und begrüßten ihn mit Lobgesängen. Während dieser Festlichkeiten schien der Rabbi in sich gekehrt und bedrückt. Er stützte den Kopf in die Hände und wollte sich nicht aufmuntern lassen. Schließlich brachte man ihn vor den Richterstuhl, wo er sich eingehüllt fühlte von liebevoller Güte und eine Stimme voll unendlicher Zärtlichkeit sagte zu ihm: „Was bedrückt dich, mein Sohn?"

„Heiligstes Wesen", erwiderte der Rabbi, „ich bin unwürdig all dieser Ehren, die mir hier erwiesen werden. Und obgleich ich den Menschen beispielhaft erschien, muß in meinem Leben doch etwas falsch gelaufen sein, denn mein einziger Sohn wandte sich trotz meines Beispiels und meiner Lehren von unserem Glauben ab und wurde Christ."

„Reg dich darüber nicht auf, mein Sohn. Ich kann dir das durchaus nachfühlen, denn ich habe einen Sohn, der das gleiche tat."

Der Hund und der Fuchs

Ein Jäger schickte seinen Hund hinter ein Gebüsch, wo sich etwas bewegte. Er stöberte einen Fuchs auf und trieb ihn dem Jäger vors Gewehr.

Der sterbende Fuchs sagte zu dem Hund: „Hat man dir nie gesagt, daß der Fuchs ein Bruder des Hundes ist?"

„Doch, man hat es mir gesagt", erwiderte der Hund. „Aber das ist etwas für Idealisten und Narren. Für praktisch Denkende erwächst Brüderlichkeit aus der Gleichheit der Interessen."

Sagte der Christ zum Buddhisten: „Wir könnten in der Tat Brüder sein. Aber das ist etwas für Idealisten und Narren. Für praktisch denkende Menschen liegt Brüderlichkeit in der Gleichheit der Bekenntnisse."

Die meisten Menschen sind leider religiös genug, um zu hassen, aber nicht genug, um zu lieben.

Kein Zutritt

In seiner Autobiographie erzählt Gandhi, daß er sich als Student in Südafrika sehr für die Bibel interessierte, besonders für die Bergpredigt.

Er war überzeugt, daß das Christentum die Antwort auf

das Kastensystem war, das Indien seit Jahrhunderten belastete, und er erwog ernsthaft, Christ zu werden.

Eines Tages ging er in eine Kirche, um an der Messe teilzunehmen und mehr darüber zu erfahren. Er wurde am Eingang angehalten, und man wies ihn freundlich darauf hin, daß er gerne an einer Messe in einer Kirche teilnehmen könnte, die Schwarzen vorbehalten sei.

Er ging und kam nie wieder.

Ein allgemein bekannter Sünder wurde exkommuniziert. Man verbot ihm, die Kirche zu betreten.

Er klagte Gott sein Leid. „Sie wollen mich nicht hineinlassen, Herr, weil ich ein Sünder bin."

„Warum jammerst du", sagte Gott. „Mich lassen sie auch nicht hinein."

Laß dich nicht beim Beten erwischen

Eine Kirche oder Synagoge braucht Geldspenden, wenn sie weiterbestehen will. Aber es gab einmal eine jüdische Synagoge, die keinen Klingelbeutel zirkulieren ließ, wie es in christlichen Kirchen üblich ist. Sie versuchte, Geld zu beschaffen, indem sie Eintrittskarten für reservierte Plätze an Feiertagen verkaufte, denn dann war die Gemeinde am zahlreichsten vertreten, und die Leute spendeten großzügig.

An einem solchen Feiertag kam ein Junge zur Synagoge. Er suchte seinen Vater, aber die Platzanweiser wollten ihn nicht hineinlassen, weil er keine Eintrittskarte hatte.

„Hören Sie", sagte der Junge, „es geht um eine ernste Sache."

„Das sagen sie alle", erwiderte der Platzanweiser.

Der Junge war ganz verzweifelt und begann zu bitten:

„Bitte, Sir, lassen Sie mich hinein. Es geht um Leben und Tod. Ich werde nur eine Minute drinbleiben."

Der Türsteher gab nach. „Okay, wenn es so wichtig ist", sagte er, „aber laß dich nicht beim Beten erwischen!"

Eine durchorganisierte Religion hat leider ihre Grenzen!

Zum Weinen

Der Prediger war außergewöhnlich redegewandt, und jeder, wirklich jeder, war zu Tränen gerührt. Allerdings nicht jeder, ehrlich gesagt, denn in der ersten Reihe saß ein Herr, der unbeeindruckt von der Predigt starr geradeaus blickte.

Am Schluß des Gottesdienstes sagte jemand zu ihm: „Haben Sie die Predigt gehört?"

„Natürlich", antwortete der ungerührte Herr, „ich bin doch nicht taub."

„Was hielten Sie davon?"

„Ich fand sie so bewegend, ich hätte weinen können."

„Und warum, darf ich fragen, haben Sie nicht geweint?"

Da antwortete der Herr: „Weil ich nicht zu dieser Pfarrei gehöre."

Laßt uns organisieren!

Man erzählt, daß Gott nach Erschaffung der Welt sein Werk zufrieden betrachtete und der Teufel sein Wohlgefühl geteilt habe, auf seine Weise natürlich, denn als er ein Wunder nach dem anderen begutachtete, habe er immer wieder gerufen: „Wie gelungen alles ist! Wir wollen es organisieren!"

„Und damit alle Freude nehmen!"

Haben Sie je versucht, so etwas wie Frieden zu organisieren? Im Augenblick, da Sie es tun, beginnen Machtkämpfe und Streitigkeiten innerhalb der Organisation.

Der einzige Weg zum Frieden ist, ihn wild wachsen zu lassen.

Prüfungsfrage

Ein Bischof wollte sich vergewissern, wie weit eine Gruppe von Kandidaten geeignet war, getauft zu werden.

„Woran werden andere erkennen, daß ihr Katholiken seid?" fragte er.

Zunächst kam keine Antwort. Offenbar hatte niemand diese Frage erwartet. Der Bischof wiederholte sie. Dann fragte er noch einmal und machte das Kreuzzeichen, um ihnen einen Hinweis auf die richtige Antwort zu geben.

Plötzlich hatte einer der Kandidaten es erfaßt. „Liebe", sagte er.

Der Bischof war überrascht. Er wollte gerade sagen: „Falsch", konnte sich aber im letzten Augenblick noch zurückhalten.

Die einzige Möglichkeit, sein Lendentuch zu behalten

Ein Guru war so beeindruckt von dem geistlichen Fortschritt seines Schülers, daß er ihn – in der Meinung, er brauche keine Anleitung mehr – allein in einer kleinen Hütte am Ufer eines Flußes zurückließ.

Jeden Morgen pflegte der Schüler nach seinen Waschungen sein Lendentuch zum Trocknen aufzuhängen. Es war sein einziger Besitz! Eines Tages fand er es zu seiner

Bestürzung zerfetzt vor, die Ratten hatten es zerbissen. Er mußte deshalb die Dorfbewohner um ein neues bitten. Als die Ratten wieder Löcher hineinfraßen, beschaffte er sich eine kleine Katze. Nun hatte er mit den Ratten keinen Ärger mehr, mußte aber nun nicht nur um sein eigenes Essen betteln, sondern auch noch um Milch.

Er dachte: „Diese Bettelei ist zu mühselig, außerdem eine Zumutung für die Dorfleute. Ich werde mir eine Kuh halten." Als er die Kuh hatte, mußte er um Futter bitten. „Es ist einfacher, das Land um meine Hütte zu bestellen", dachte er. Aber das erwies sich auch als schwierig, weil es ihm zu wenig Zeit zur Meditation ließ. Also beschäftigte er Arbeiter, die das Land für ihn bestellten. Die Beaufsichtigung wurde aber lästig, also heiratete er, damit seine Frau ihm einen Teil der Arbeit abnahm. Nach kurzer Zeit war er einer der reichsten Männer des Dorfes.

Jahre später kam sein Guru zufällig vorbei und war erstaunt, ein herrschaftliches Haus anstelle der Hütte zu finden. Er sagte zu einem der Diener: „Wohnte hier nicht einst einer meiner Schüler?"

Ehe er Antwort erhielt, tauchte der Schüler selbst auf. „Was bedeutet das alles, mein Sohn?" fragte der Guru.

„Ihr werdet es nicht glauben wollen, Sir", sagte der Mann, „aber es gab keine andere Möglichkeit, mein Lendentuch zu behalten."

Die Lebensrettungsstation

An einer felsigen Küste, an der Schiffbrüche häufig waren, gab es früher eine kleine baufällige Lebensrettungsstation. Es war eigentlich nur eine Hütte, und es gab nur ein Boot, aber die wenigen Mann Besatzung nahmen ihre Aufgabe sehr ernst, hatten ständig ein wachsames Auge auf das Meer und fuhren furchtlos auch bei stürmischer See aus, wenn sie einen Hinweis auf ein Schiffsunglück hatten, ohne Rücksicht auf sich und ihre Sicherheit. Viele Menschenleben wurden so gerettet und die Station wurde berühmt.

Je bekannter sie wurde, desto mehr wollten die Bewohner der Umgebung an ihrer hervorragenden Arbeit teilhaben. Großzügig boten sie Zeit und Geld an, neue Mitglieder wurden geworben, neue Boote gekauft und neue Mannschaften ausgebildet. Auch die Hütte wurde durch ein komfortables Gebäude ersetzt, das den Bedürfnissen der geretteten Schiffbrüchigen gerecht wurde, und da Schiffsunglücke nicht jeden Tag vorkamen, wurde es zu einem beliebten Treffpunkt, einer Art lokalem Klub. Mit der Zeit waren die Mitglieder so mit ihren gesellschaftlichen Belangen beschäftigt, daß das Interesse an der Rettung Schiffbrüchiger abnahm, obgleich sie stolz eben dieses Motto auf ihren Abzeichen trugen. Wenn aber tatsächlich Menschen aus der See gerettet wurden, empfand man sie als Belästigung, weil sie schmutzig waren, sich erbrachen und Teppiche und Mobiliar verunreinigten.

Bald nahmen die gesellschaftlichen Betätigungen des Klubs so zu, und die Aktivitäten zur Lebensrettung so ab, daß in einer Klubversammlung darüber debattiert wurde, wobei einige Mitglieder darauf bestanden, zu dem ursprünglichen Zweck und der eigentlichen Aufgabe zurückzukehren. Es wurde abgestimmt, und die Unruhestifter, die sich als kleine Minderheit herausstellte, wurden aufgefordert, den Klub zu verlassen und einen anderen zu gründen.

Und genau das taten sie, etwas weiter südlich an der gleichen Küste und zwar mit einer solchen Selbstlosigkeit und Kühnheit, daß sie nach kurzer Zeit durch ihren heldenhaften Einsatz berühmt wurden. Daraufhin nahm ihre Mitgliederzahl zu, ihre Hütte wurde ausgebaut ... und ihr Idealismus verkümmerte. Wer heute zufällig an diese Küste kommt, findet dort eine Anzahl exklusiver Klubs. Jeder ist zu Recht stolz auf seinen Anfang und seine Tradition.

Es gibt immer noch Schiffbrüche in dieser Gegend, aber das scheint niemand weiter zu bekümmern.

Das Fruchtgebot

In einem Wüstenland gab es wenig Bäume und es war schwierig, frische Früchte zu bekommen. Man erzählte, Gott wollte sicher gehen, daß genug für jeden da war, und so erschien er einem Propheten und sagte: „So lautet mein Gebot für das ganze Volk heute und für alle künftigen Generationen: niemand soll mehr als eine Frucht täglich essen. Schreib das in das Heilige Buch. Jeder, der dieses Gesetz übertritt, hat sich gegen Gott und die Menschheit versündigt."

Das Gesetz wurde jahrhundertelang getreu eingehalten, bis Wissenschaftler Möglichkeiten entdeckten, die Wüste in fruchtbares Land zu verwandeln. Das Land wurde reich an Getreide und Vieh. Und die Bäume bogen sich unter der Last nicht geernteter Früchte. Aber das Fruchtgesetz wurde auch weiterhin von den zivilen und religiösen Behörden des Landes durchgesetzt.

Jeder, der darauf hinwies, es sei eine Sünde gegen die Menschheit, Früchte auf den Bäumen verfaulen zu lassen, wurde als Gotteslästerer angesehen, der die Moral zersetze. Diese Leute, hieß es, die die Wahrheit von Gottes Heiligem Wort in Frage stellten, ließen sich leiten von dem selbstgefälligen Geist der Vernunft, und es fehle ihnen der Geist des Glaubens und des Gehorsams, der allein die Wahrheit verkünde.

In den Kirchen wurde in den Predigten häufig auf die Gesetzesbrecher hingewiesen, die ein böses Ende genommen hatten. Nie wurden diejenigen erwähnt, die ebenfalls ein schlechtes Ende genommen hatten, obwohl sie das Gesetz treu befolgt hatten, oder die, denen es gutging, obwohl sie es gebrochen hatten.

Das Gesetz konnte nicht geändert werden, weil der Prophet, der es angeblich von Gott erhalten hatte, schon lange tot war. Vielleicht hätte er den Mut und Verstand besessen, das Gesetz zu ändern, da sich die Umstände verändert hatten, denn für ihn war Gottes Wort nicht etwas, das zu verehren war, sondern das zum Wohle der Menschen benutzt werden sollte ...

Die Folge war, daß einige Leute offen über das Gesetz, Gott und die Religion spotteten. Andere brachen es insgeheim und stets mit dem Gefühl des Unrechts. Die große Mehrheit befolgte es rigoros und hielt sich schließlich für heilig, nur weil sie an einer sinnlosen, überholten Gewohnheit festhielte, die sie aus Angst nicht abschüttelte.

Betreten verboten!

Wirklich religiöse Menschen beachten das Gesetz. Aber es wird weder gefürchtet ...

Womit bestreiten Sie Ihren Lebensunterhalt?" fragte eine Dame einen jungen Mann auf einer Cocktailparty.

„Ich bin Fallschirmspringer."

„Das muß doch schrecklich sein", sagte die Lady.

„Nun ja, es gibt schon brenzlige Situationen."

„Erzählen Sie mir Ihre schrecklichste Erfahrung."

„Ich glaube, das war damals", sagte der Fallschirmspringer, „als ich auf einem Rasen landete und ein Schild sah: Rasen betreten verboten."

Gegen die Vorschriften

... es wird auch nicht absolut gesetzt ...

Ein Eisenbahnbeamter meldete einen Mord im Zug mit folgenden Worten: „Der Mörder betrat das Abteil vom Bahnsteig aus, stach fünfmal brutal auf das Opfer ein, wobei jeder Stich tödlich war, und verließ den Zug durch die gegenüberliegende Tür, landete auf den gegenüberliegenden Gleisen und verstieß damit gegen die Eisenbahnvorschriften."

Einem Adligen wurde vorgeworfen, eine Kathedrale niedergebrannt zu haben. Er sagte, es täte ihm wirklich leid, aber man hätte ihn informiert – falsch, wie sich herausgestellt hatte –, daß sich der Erzbischof drinnen aufhielte!

Feste Gewohnheiten

Mr. Smith hatte seine Frau umgebracht, und er rechtfertigte sich mit vorübergehender Unzurechnungsfähigkeit. Er war im Zeugenstand und sein Anwalt ersuchte ihn, das Verbrechen mit seinen Worten zu schildern.

„Euer Ehren", sagte er, „ich bin ein ruhiger Mann mit festen Gewohnheiten, der mit der ganzen Welt in Frieden lebt. Jeden Tag wache ich um 7 Uhr auf, frühstücke um 7.30, beginne um 9 Uhr mit der Arbeit, höre um 17 Uhr auf, komme um 18 Uhr nach Hause, finde das Abendessen auf dem Tisch, esse, lese die Zeitung, sehe fern und gehe dann zu Bett. Bis zu jenem bewußten Tage ..."

Hier begann er schneller zu atmen, und sein Gesicht zeigte Wut.

„Fahren Sie fort", sagte der Rechtsanwalt ruhig. „Sagen Sie dem Gericht, was passierte."

„An dem fraglichen Tag erwachte ich um 7 Uhr wie gewöhnlich, frühstückte um 7.30, begann um 9 Uhr mit der Arbeit, hörte um 17 Uhr auf, kam um 18 Uhr nach Hause und entdeckte empört, daß das Essen nicht auf dem Tisch stand. Von meiner Frau auch keine Spur. Ich durchsuchte das Haus und fand sie mit einem fremden Mann im Bett. Da erschoß ich sie."

„Beschreiben Sie Ihre Gefühle, als Sie sie töteten", sagte der Anwalt, bestrebt, seine Ansicht durchzusetzen.

„Ich befand mich in einem Zustand hemmungsloser Wut. Ich schnappte einfach über. Euer Ehren, Damen und Herren der Jury", schrie er und schlug mit der Faust auf seine Stuhllehne. „Wenn ich um 18 Uhr nach Hause komme, verlange ich unbedingt, daß mein Essen fertig auf dem Tisch steht!"

Ein ehrlicher Finder

Mulla Nasrudin fand am Weg einen Diamanten, aber laut Gesetz können Finder den Fund nur behalten, wenn sie ihn mitten auf dem Marktplatz dreimal bei verschiedenen Gelegenheiten ausgerufen haben.

Nasrudin war jedoch ein zu religiös gebundener Mensch, um das Gesetz zu mißachten und zu habgierig, um das Risiko einzugehen, seinen Fund herausrücken zu müssen. Also begab er sich in drei aufeinanderfolgenden Nächten, als er sicher war, daß jedermann fest schlief, in die Mitte des Marktplatzes und verkündete mit leiser Stimme: „Ich habe einen Diamanten gefunden an der Straße, die in die Stadt führt. Jeder, der den Eigentümer kennt, sollte sich sofort mit mir in Verbindung setzen."

Natürlich wurde davon niemand klüger als zuvor, außer einem Mann, der in der dritten Nacht zufällig am

Fenster stand und den Mulla etwas murmeln hörte. Als er herauszufinden versuchte, was das war, antwortete Nasrudin: „Ich bin in keiner Weise verpflichtet, dir das zu sagen. Aber soviel werde ich sagen: da ich ein religiöser Mensch bin, habe ich mich des Nachts hierher begeben, um in Erfüllung des Gesetzes gewisse Wörter auszusprechen."

Man muß nicht das Gesetz brechen, um wirklich niederträchtig zu sein. Man braucht es nur buchstabengetreu zu befolgen.

Zwei Arten von Sabbat

Ursprünglich war bei den Juden die Einhaltung des Sabbat, des Tages des Herrn, eine fröhliche Angelegenheit, aber zu viele Rabbis erließen zu viele Bestimmungen, wie er zu begehen sei, was erlaubt sei und was nicht, so daß viele Leute das Gefühl hatten, sie könnten sich am Sabbat kaum mehr bewegen, aus Angst, gegen irgendeine Bestimmung zu verstoßen.

Der Baal Schem, Sohn von Eliezer, dachte viel über diese Angelegenheit nach. Eines Nachts hatte er einen Traum. Ein Engel nahm ihn mit in den Himmel und zeigte ihm zwei Throne, die weit über allen anderen standen.

„Für wen sind die vorgesehen?" fragte er.

„Für dich", lautete die Antwort, „wenn du deinen Verstand benützt; und für einen Mann, dessen Name und Adresse dir jetzt übergeben wird."

Man brachte ihn dann in die tiefste Tiefe der Hölle und zeigte ihm zwei leere Sitze. „Für wen sind die bestimmt?" fragte er.

„Für dich", lautete die Antwort, „wenn du deinen Verstand nicht einsetzt und für den Mann, dessen Name und Adresse für dich aufgeschrieben wurden."

In seinem Traum besuchte Baal Schem den Mann, der sein Gefährte im Paradies werden sollte. Er fand ihn unter Nichtjuden lebend und ganz ohne Kenntnis jüdischer Bräuche, und am Sabbat gab er ein Fest, an dem es hoch herging, und zu dem er alle seine nichtjüdischen Nachbarn eingeladen hatte. Als Baal Schem ihn fragte, warum er dieses Fest gab, erwiderte der Mann: „Ich erinnere mich, daß mir meine Eltern als Kind sagten, der Sabbat sei ein Tag der Ruhe und der Freude; am Sonnabend kochte also meine Mutter die üppigsten Mahlzeiten, und wir sangen und tanzten und waren vergnügt. Und heute mache ich es genauso."

Baal Schem versuchte, den Mann über die Bräuche seiner Religion zu belehren, denn schließlich war er als Jude geboren, aber offensichtlich hatte er keine Ahnung von all den Vorschriften der Rabbis. Aber er war entsetzt bei dem Gedanken, daß die Freude des Mannes am Sabbat getrübt werden würde, wenn ihm seine Pflichtversäumnisse bewußt wurden.

Immer noch im Traum besuchte Baal Schem darauf seinen Gefährten in der Hölle. Er fand, daß der Mann das Gesetz streng befolgte und immer fürchtete, sein Verhalten könne nicht ganz korrekt sein. Der arme Mann verbrachte jeden Sabbat in ängstlicher Spannung, als ob er auf glühenden Kohlen säße. Als Baal Schem versuchte, ihn wegen seiner sklavischen Abhängigkeit von dem Gesetz zu rügen, fehlten ihm die Worte, als er merkte, der Mann würde nie verstehen, daß er falsch handeln könnte, wenn er religiöse Gesetze befolgte.

Dank dieser Offenbarung, die Baal Schem in Form eines Traumes erfuhr, entwickelte er ein neues System, wie das Gesetz befolgt und Gott mit aus dem Herzen kommender Freude verehrt werden konnte.

Wenn Menschen froh sind, sind die immer gut;
Wenn sie gut sind, sind sie nur selten froh.

Gebt acht, gebt acht!

Der Priester gab bekannt, daß Jesus Christus selbst am nächsten Sonntag in die Kirche kommen würde. Die Gemeinde kam in großer Zahl, um ihn zu sehen. Jedermann erwartete, daß er predigen würde, aber er lächelte nur und sagte: „Hallo", als er vorgestellt wurde. Jeder bot ihm Gastfreundschaft für die Nacht an, besonders der Priester, aber er lehnte höflich ab. Er sagte, er wolle die Nacht in der Kirche verbringen.

Am nächsten Morgen schlich er sich früh davon, noch ehe die Kirchentore geöffnet wurden. Und zu ihrem Entsetzen entdeckten die Priester und die Gläubigen, daß ihre Kirche mutwillig beschädigt worden war. Überall an den Wänden stand geschrieben: *Gebt acht!* Kein Teil der Kirche war verschont geblieben, Türen und Fenster, die Säulen, die Kanzel, der Altar, nicht einmal die Bibel auf dem Pult. *Gebt acht!* In großen oder kleinen Buchstaben war es eingekratzt mit Bleistift, Feder, in jeder nur denkbaren Farbe hingemalt. Wohin das Auge blickte, sah man die Worte: *Gebt acht,* gebt acht, *gebt acht, gebt acht!*

Erschreckend, aufreizend, verwirrend, faszinierend, furchterregend. Worauf sollten sie achtgeben? Das stand nicht da. Es hieß nur: *gebt acht!* In einer ersten Regung wollten die Leute jede Spur dieser Schmiererei, dieses Sakrileges wegwischen. Nur der Gedanke, daß Jesus selbst es getan hatte, hielt sie davon ab.

Nun begann dieses geheimnisvolle Wort ‚Achtgeben' in das Innere der Menschen einzusinken, wenn sie die Kirche betraten. Sie begannen, auf die Heilige Schrift achtzugeben, so daß sie davon profitieren konnten, ohne frömmlerisch zu werden. Sie begannen, auf die Sakramente zu achten, so daß sie geheiligt wurden, ohne abergläubisch zu werden. Der Priester begann sich seiner Macht über die Menschen bewußt zu werden, ohne sie beherrschen zu wollen. Und jedermann begann auf die Religion zu achten, denn wer nicht aufpaßt, kann leicht selbstgerecht werden. Sie begannen, auf die Kirchengesetze zu achten, so daß sie gesetzestreu wurden und doch barmherzig gegenüber den Schwachen blieben. Sie begannen, auf das Gebet achtzugeben und sich nicht abhalten zu lassen, selbständig zu werden. Sie begannen sogar, sich ihrer Vorstellungen von Gott bewußt zu werden, so daß sie ihn auch außerhalb der engen Grenzen ihrer Kirche erkennen konnten.

Nun haben sie das aufrüttelnde Wort über den Eingang ihrer Kirche geschrieben, und wenn man in der Nacht daran vorbeifährt, kann man es in mehrfarbigem Neonlicht über der Kirche leuchten sehen.

GNADE

Vorsehung in Rettungsbooten

Ein Priester saß an seinem Schreibtisch am Fenster und bereitete eine Predigt über die Vorsehung vor, als er plötzlich eine Explosion zu hören glaubte. Bald sah er auch Menschen in Panik hin und her laufen und erfuhr, daß ein Damm gebrochen war, der Fluß Hochwasser führte, und die Bevölkerung evakuiert wurde.

Der Priester sah, wie das Wasser auf der Straße stieg. Es fiel ihm schwer, aufsteigende Panik zu unterdrücken, aber er sagte sich: „Ausgerechnet jetzt arbeite ich an einer Predigt über die Vorsehung, da erhalte ich Gelegenheit zu praktizieren, was ich predige. Ich werde nicht fliehen. Ich werde hier bleiben und auf Gottes Vorsehung, mich zu retten, vertrauen."

Als das Wasser bis zu seinem Fenster stand, fuhr ein Boot vorbei, und die Menschen darin riefen ihm zu: „Steigen Sie ein, Herr Pfarrer." „Oh, nein, Kinder", sagte der Priester zuversichtlich, „ich vertraue auf die Vorsehung. Gott wird mich retten."

Er kletterte jedoch auf das Dach, und als das Wasser auch bis dorthin stieg, kam ein weiteres Boot voller Menschen vorbei, und sie drängten den Pfarrer, einzusteigen. Wiederum lehnte er ab.

Dieses Mal stieg er bis in die Glockenstube. Als ihm das Wasser bis zu den Knien reichte, schickte man einen Polizeioffizier mit einem Motorboot, um ihn zu retten. „Nein, danke, Herr Offizier", sagte der Priester ruhig lächelnd. „Sehen Sie, ich vertraue auf Gott. Er wird mich nicht im Stich lassen."

Als der Pfarrer ertrunken und zum Himmel aufgestiegen war, beklagte er sich sofort bei Gott. „Ich habe dir vertraut! Warum tatest du nichts, um mich zu retten?"

„Nun ja", erwiderte Gott, „immerhin habe ich drei Boote geschickt."

Erwerb und Verzicht

Zwei Mönche waren unterwegs auf Reisen. Für einen von ihnen schloß geistliches Leben Erwerb nicht aus, der andere glaubte an Entsagung. Den ganzen Tag über diskutierten sie über ihr unterschiedliches geistiges Streben, bis sie gegen Abend an das Ufer eines Flußes kamen.

Derjenige, der an Verzicht glaubte, besaß natürlich kein Geld. Er sagte: „Wir können den Fährmann nicht bezahlen, damit er uns übersetze, aber warum einen Gedanken an unseren Leib verschwenden? Wir werden die Nacht hier verbringen und Lieder singen zum Lobe Gottes, und morgen früh wird sich bestimmt eine gute Seele finden, die die Überfahrt für uns bezahlt."

Der andere sagte: „Auf dieser Seite des Flußes ist kein Dorf, kein Weiler, keine Hütte, überhaupt keinerlei Schutz. Wilde Tiere werden sich über uns hermachen, wir werden von Schlangen gebissen werden oder erfrieren. Am anderen Ufer können wir die Nacht sicher und bequem verbringen. Ich habe das Geld, um den Bootsman zu bezahlen."

Als sie sicher drüben angekommen waren, machte er seinem Gefährten Vorhaltungen. „Verstehst du jetzt, wie wichtig es ist, Geld zu haben? Ich konnte dein und mein Leben damit retten. Was wäre geschehen, wenn auch ich ein Mann der Entsagung wäre?"

Der andere erwiderte: „Dein Verzicht war es, der uns sicher hinüberbrachte, denn du trenntest dich von deinem Geld, um den Fährmann zu bezahlen, stimmt's? Da ich überdies kein Geld in der Tasche hatte, wurde deine Tasche zu der meinen. Ich habe festgestellt, daß ich nie Unbill erleide, für mich wird stets gesorgt."

Ein starkes Getränk

Auf einer Party in Japan wurde einem Besucher ein beliebtes japanisches Getränk angeboten. Nach dem ersten Glas merkte er, wie die Möbel im Zimmer schwankten.

„Das ist aber ein starkes Getränk", sagte er zu seinem Gastgeber.

„Gar nicht so besonders", erwiderte dieser, „wir haben bloß gerade ein Erdbeben."

Schwergewichtig

Ein Elefant brach aus einer Herde aus und stürmte über eine kleine Holzbrücke, die einen Abgrund überspannte.

Die altersschwache Brücke zitterte und ächzte unter dem Gewicht des Elefanten.

Als er glücklich auf der anderen Seite war, rief ein Floh, der sich in einem Ohr des Elefanten niedergelassen hatte, hochzufrieden: „Junge, Junge, die Brücke haben wir ganz schön wackeln lassen!"

Kräht der Hahn

Eine alte Frau beobachtete, daß ihr Hahn mit wissenschaftlicher Präzision jeden Tag genau vor Sonnenaufgang zu krähen begann. Sie folgerte daraus, daß das Krähen ihres Hahnes die Sonne veranlaßte, aufzugehen.

Als ihr Hahn plötzlich starb, kaufte sie ganz schnell einen neuen, damit die Sonne auch bestimmt am anderen Tag aufging.

Eines Tages zerstritt sie sich mit ihren Nachbarn und kündigte bitterböse an, sie werde mit ihrer Schwester aus dem Dorf wegziehen.

Als ihr Hahn am nächsten Tag zu krähen begann, und die Sonne etwas später sich ruhig über dem Horizont erhob, wurde ihr bestätigt, was sie schon immer gewußt hatte: die Sonne ging nun hier auf, und ihr früheres Dorf lag in Dunkelheit. Aber, sie hatten es ja nicht anders gewollt!

Sie wunderte sich zwar, daß ihre früheren Nachbarn nie kamen, um sie zu bitten, doch mit ihrem Hahn wieder in das Dorf zurückzukehren. Sie schrieb das einfach ihrer Sturheit und Dummheit zu.

Angst

„Das war also Ihr erster Flug. Hatten Sie Angst?"

„Ehrlich gesagt, ich wagte nicht, mich mit meinem ganzen Gewicht hinzusetzen."

Was du tun kannst

Ein Schüler kam auf seinem Kamel zu dem Zelt seines Sufi-Meisters geritten. Er stieg ab und ging direkt in das Zelt hinein, verneigte sich tief und sagte: „Mein Vertrauen in Gott ist so groß, daß ich mein Kamel draußen nicht angebunden habe, weil ich überzeugt bin, Gott wird die Interessen derer, die ihn lieben, schützen."

„Geh und binde dein Kamel an, du Narr", sagte der Meister. „Man soll Gott nicht mit Dingen belästigen, die man selbst erledigen kann."

Ihr beide seid Partner

Goldberg hatte den schönsten Garten in der Stadt, und jedesmal, wenn der Rabbi vorbeiging, rief er Goldberg zu: „Dein Garten ist ein Schmuckstück. Der Herr und du, ihr beide seid Partner!"

„Danke, Rabbi", pflegte Goldberg mit einer Verbeugung zu antworten.

So ging das Tage und Wochen und Monate. Mindestens zweimal täglich pflegte der Rabbi auf dem Hin- und Rückweg zur Synagoge hinüberzurufen: „Der Herr und du, ihr beide seid Partner", bis Goldberg sich über die als Kompliment gemeinten Worte des Rabbi zu ärgern begann.

Als dieser also wieder einmal sagte: „Der Herr und du, ihr beide seid Partner", erwiderte Goldberg: „Das mag schon stimmen, aber Ihr hättet den Garten sehen sollen, als ihn der Herr ganz allein besaß."

In guter Obhut

In seinen Heiligenerzählungen berichtet Attar von dem großen Sufi Habib Ajami, der eines Tages im Fluß badete und seinen Mantel unbewacht am Ufer liegen ließ. Zufällig kam Hasan aus Basra vorbei, sah den Mantel, und da er dachte, irgend jemand hätte ihn aus Nachlässigkeit liegenlassen, beschloß er, den Mantel im Auge zu behalten, bis der Besitzer auftauchte.

Als Habib kam und sich nach seinem Mantel umsah, sagte Hasan: „Wer sollte denn auf den Mantel aufpassen, als du in den Fluß stiegst, um zu baden? Er hätte gestohlen werden können."

Habib erwiderte: „Ich ließ ihn in der Obhut von Ihm, der dich beauftragte, auf ihn zu achten."

Wegweisung

Ein Mann hatte sich in der Wüste verlaufen. Später, als er seinen Freunden berichtete, was er durchgemacht hatte, erzählte er auch, daß er verzweifelt niedergekniet sei und Gott um Hilfe angefleht habe.

„Antwortete Gott auf dein Gebet?" wurde er gefragt.

„Oh, nein! Ehe er das tun konnte, tauchte ein Forschungsreisender auf, und zeigte mir den Weg."

Offizielle Beschlußfassung

Der Präsident des größten Bankenkonsortiums der Welt lag im Krankenhaus. Einer der Vizepräsidenten besuchte ihn und sagte: „Ich bringe Ihnen die guten Wünsche des Aufsichtsrates für Ihre Genesung, auf daß Sie hundert Jahre alt werden mögen. Das ist ein offizieller Beschluß, der mit einer Mehrheit von fünfzehn zu sechs Stimmen bei zwei Enthaltungen angenommen wurde."

Werden wir wohl jemals unsere Bemühungen aufgeben,
Feuer verbrennen zu wollen,
Wasser naß zu machen
und der Rose noch Farbe hinzuzufügen?

Wir sind in Amerika!

Eine Flüchtlingsfamilie war von Amerika sehr positiv beeindruckt. Besonders die sechs Jahre alte Tochter war sehr schnell überzeugt, alles Amerikanische sei nicht nur das Beste, sondern einfach vollkommen.

Eines Tages sagte ihr eine Nachbarin, sie bekäme ein

Baby. Klein Mary ging nach Hause und wollte wissen, warum sie nicht auch ein Baby bekommen könnte. Ihre Mutter beschloß, sie am besten gleich in die Dinge des Lebens einzuweihen und erklärte ihr unter anderem, daß es neun Monate dauerte, bis ein Baby auf die Welt kam.

„Neun Monate!" rief Mary empört. „Mutter, du vergißt wohl, daß wir in Amerika sind!"

Samen statt Früchte

Eine Frau träumte, sie beträte einen ganz neuen Laden am Markt, und zu ihrem Erstaunen stand Gott hinter dem Ladentisch.

„Was verkaufst du hier?" fragte sie.

„Alles, was dein Herz begehrt", sagte Gott.

Die Frau wagte kaum zu glauben, was sie hörte, beschloß aber das Beste zu verlangen, was ein Mensch sich nur wünschen konnte. „Ich möchte Frieden für meine Seele und Liebe und Glück, und weise möchte ich sein und nie mehr Angst haben", sagte sie. Nach kurzem Nachdenken fügte sie hinzu: „Nicht nur für mich allein, sondern für alle Menschen auf der Erde."

Gott lächelte: „Ich glaube, du hast mich falsch verstanden, meine Liebe", sagte er, „wir verkaufen hier keine Früchte, nur die Samen."

Gib mir eine Chance

Ein frommer und religiöser Mann hatte schwere Zeiten durchzumachen. Er versuchte es nun mit folgendem Gebet:

„Herr, erinnere dich an all die Jahre, in denen ich dir diente, so gut ich konnte und nichts dafür verlangte. Nun, da ich alt und bankrott bin, möchte ich dich zum ersten Mal in meinem Leben um eine Gunst bitten, und ich bin sicher, du wirst sie nicht abschlagen: laß mich in der Lotterie gewinnen."

Tage vergingen, dann Wochen und Monate. Nichts geschah. Schließlich rief er eines Nachts voller Verzweiflung: „Warum gibst du mir keine Chance, Gott?"

Plötzlich hörte er die Stimme Gottes: „Gib mir auch eine Chance! Warum kaufst du dir kein Los?"

Guter Rat

Ein junger Komponist suchte Mozart auf, um einen Rat zu bekommen, wie er sein Talent entwickeln könnte.

„Ich würde Ihnen raten, mit einfachen Dingen anzufangen", sagte Mozart, „zum Beispiel mit Liedern."

„Aber Sie haben als Kind Symphonien komponiert", protestierte der Mann.

„Das stimmt. Aber ich brauchte auch keinen Rat, wie ich mein Talent fördern sollte."

Durchhaltevermögen

Ein Mann in den Achtzigern wurde nach dem Geheimnis seines ungeheuren Durchhaltevermögens gefragt.

„Ja", sagte er, „ich trinke nicht, ich rauche nicht, und ich schwimme täglich eine Meile."

„Aber ich hatte einen Onkel, der genau das tat, und er starb mit sechzig."

„Bei Ihrem Onkel lag es wohl daran, daß er nicht lange genug durchhielt."

Entweder – oder

Eines Sonntagmorgens gingen Gott und Petrus Golf spielen. Gott spielte den Ball vom Anschlag. Er tat einen mächtigen Schlag und schlug den Ball ins Rauh neben den Fairway.

Der Ball hatte noch nicht ganz den Boden berührt, als ein Kaninchen aus einem Busch heraussauste, den Ball mit dem Maul auffing und den Fairway hinunterrannte. Plötzlich stürzte ein Adler herab, packte das Kaninchen mit seinen Fängen und flog mit ihm über das Green. Ein Mann mit einem Gewehr nahm ihn ins Visier und schoß den Adler mitten im Flug ab. Der Adler ließ das Kaninchen fallen. Es fiel ins Green und der Ball rollte aus seinem Maul in das Loch.

Wütend drehte sich Petrus zu Gott um und sagte: „Was soll das? Entweder du spielst Golf oder du alberst herum!"

Und wie steht's mit dir?
Willst du das Spiel des Lebens verstehen und spielen oder mit Wundern Zeit verschwenden?"

Der Klempner an den Niagarafällen

Ein eifriger junger Mann, der gerade seine Prüfung als Klempner bestanden hatte, wurde zu den Niagarafällen mitgenommen. Er betrachtete sie kurz und sagte dann: „Ich glaube, das kann ich in Ordnung bringen."

Manche Dinge läßt man am besten so, wie sie sind.

DIE HEILIGEN

Keine Bremsen

Einige werden als Heilige geboren,
andere erlangen Heiligkeit,
wieder anderen wird Heiligkeit aufgedrängt.

Eine Ölquelle geriet in Brand, und die Gesellschaft rief Fachleute zur Hilfe, um das Feuer zu löschen. Aber die Hitze war so groß, daß die Feuerlöscher nicht näher als 300 m an den Förderturm herankamen. Die Unternehmensleitung bat die Freiwillige Feuerwehr des Ortes, bei der Brandbekämpfung so gut es ging zu helfen. Eine halbe Stunde später rollte ein klapprig aussehender Feuerwehrwagen die Straße hinunter und kam ungefähr zwanzig Meter vor den vernichtenden Flammen zu einem abrupten Halt. Die Männer sprangen aus dem Wagen, besprühten einander und machten sich dann daran, das Feuer zu löschen.

Die Unternehmensleitung veranstaltete aus Dankbarkeit einige Tage später eine Zeremonie, wobei der Mut der Feuerwehrmänner hervorgehoben, ihre Pflichterfüllung gerühmt wurde. Als Dank wurde dem Leiter des Feuerwehrdepots ein ansehnlicher Scheck überreicht. Als der Feuerwehrhauptmann von einem Reporter gefragt wurde, was er mit dem Scheck zu tun gedenke, erwiderte dieser: „Zuallererst werde ich den Löschwagen in eine Werkstatt bringen, damit die verdammten Bremsen repariert werden."

Für andere bedeutet Heiligkeit leider nichts weiter als ein Ritual.

Lady Pumphampton

Lady Pumphamptons Freund war zum Tee erschienen. Sie gab ihrem Mädchen ein großes Trinkgeld und sagte: „Hier, das ist für Sie. Wenn Sie mich um Hilfe schreien hören, haben Sie Ausgang."

Der Heilige und sein Schatten

Es war einmal ein so gottesfürchtiger Mann, daß sich sogar die Engel freuten, wenn sie ihn sahen. Aber trotz seiner Heiligkeit hatte er keine Ahnung, daß er heilig war. Er ging einfach seinen täglichen Arbeiten nach, und die Güte, die von ihm ausging, war so natürlich wie der Duft, den die Blumen verströmen oder das Licht, das Straßenlaternen verbreiten.

Seine Heiligkeit lag darin, daß er jedes Menschen Vergangenheit vergaß und ihn so nahm, wie er jetzt war, und über die äußere Erscheinung hinweg bis in sein innerstes Wesen sah, wo jedermann unschuldig und ohne Fehl war, noch nicht wissend, was er tat. Auf diese Weise liebte er alle und vergab jedem, den er traf, und er sah darin auch nichts Besonderes, weil es seiner Betrachtungsweise entsprach.

Eines Tages sagte ein Engel zu ihm: „Gott hat mich zu dir geschickt. Äußere irgendeinen Wunsch, und er wird dir erfüllt werden. Möchtest du die Fähigkeit haben, heilen zu können?" „Nein", sagte der Mann, „mir ist es lieber, wenn Gott selbst heilt."

„Möchtest du die Gabe haben, Sünder wieder auf den rechten Weg zu bringen?" – „Nein", sagte der Mann, „es kommt mir nicht zu, an Menschenherzen zu rühren. Das sollten die Engel tun." „Möchtest du ein solches Vorbild an Tugend werden, daß die Menschen veranlaßt werden, dir nachzueifern?" – „Nein", sagte der Heilige, „denn dadurch würde ich ja die Aufmerksamkeit auf mich ziehen."

„Was wünscht du dir dann?" fragte der Engel. „Die Gnade Gottes", lautete die Antwort, „wenn ich die besitze, habe ich alles, was ich mir wünsche." – „Nein, du mußt dir schon irgendein Wunder wünschen", sagte der Engel, „oder es wird dir eines aufgenötigt." – „Gut, dann bitte ich um folgendes: es möge Gutes durch mich geschehen, ohne daß ich es merke."

So wurde also beschlossen, dem Schatten des heiligen Mannes Heilkräfte zu verleihen. Wann immer also sein Schatten auf den Boden fiel, vorausgesetzt, es geschah hinter seinem Rücken, wurden die Kranken geheilt, das Land wurde fruchtbar, Quellen sprudelten hervor, und die Gesichter derer, die von Kummer und Sorgen gezeichnet waren, blühten wieder auf.

Aber der Heilige erfuhr davon nichts, weil die Aufmerksamkeit der Menschen so auf den Schatten konzentriert war, daß sie den Mann vergaßen. So wurde sein Wunsch, durch ihn möge Gutes geschehen, er selbst aber vergessen werden, in vollem Maße erfüllt.

Eingerahmt

Sowohl Heiligkeit wie Größe sind sich ihrer selbst nicht bewußt.

Fünfunddreißig Jahre lang lebte Paul Cézanne unbeachtet und malte Meisterwerke, die er nichtsahnenden Nachbarn schenkte. Er liebte seine Arbeit so, daß er keinen Gedanken darauf verschwendete, Anerkennung zu erreichen und sich auch nicht träumen ließ, daß er eines Tages als Vater der modernen Malerei gelten würde.

Er verdankt seinen Ruhm einem Pariser Kunsthändler, der zufällig Bilder von ihm sah, sie zusammenstellte und der Kunstwelt die erste Cézanne-Ausstellung präsentierte. Die Welt war erstaunt, einen Meister vor sich zu sehen.

Der Meister war genau so erstaunt. Er betrat die Gemäldegalerie auf den Arm seines Sohnes gestützt und konnte sein Erstaunen nicht verbergen, als er seine Bilder ausgestellt sah. Zu seinem Sohn gewandt, sagte er: „Sieh mal, man hat sie gerahmt."

Die wahre Leere

Buddhas Schüler Subhuti entdeckte plötzlich den Reichtum und die Fruchtbarkeit der Leere: die Erkenntnis, daß alles vergänglich, unbefriedigend und nichtig ist. In diesem Zustand göttlicher Leere saß er glückselig unter einem Baum, als plötzlich Blumen auf ihn herabfielen.

Und die Götter flüsterten: „Wir sind bezaubert von deiner erhabenen Lehre von der Leere."

Subhuti erwiderte: „Aber ich habe kein Wort über Leere geäußert."

„Das stimmt", erwiderten die Götter, „du hast nicht über Leere gesprochen, wir haben nichts von Leere gehört. Das ist die wahre Leere." Und der Blütenregen dauerte an.

Hätte ich von meiner Leere gesprochen
oder wäre sie mir auch nur bewußt,
wäre es dann Leere?

Musik bedarf des Hohlkörpers der Flöte,
Buchstaben brauchen das leere Blatt,
Licht die Leere eines Fensters,
Heiligkeit die Abwesenheit des eigenen Ichs.

Und die Bescheidenheit?

Ein alter Rabbi lag krank im Bett. Neben seinem Lager führten seine Schüler flüsternd eine Unterhaltung. Sie priesen seine beispiellosen Tugenden.

„Seit Salomos Zeiten gab es niemand, der weiser wäre als er", sagte einer von ihnen. „Und sein Glauben! Er gleicht dem unseres Vaters Abraham", sagte ein anderer. „Seine Geduld ähnelt der Hiobs", sagte ein dritter. „Nur in Moses finden wir jemand, der so vertraut mit Gott verkehrte wie er", sagte ein vierter.

Der Rabbi schien keine Ruhe zu finden. Als die Schüler gegangen waren, sagte seine Frau: „Hast du gehört, wie sie dein Lob gesungen haben?"

„In der Tat", erwiderte der Rabbi.

„Warum bist du dann so mürrisch?" fragte sie.

„Meine Bescheidenheit", klagte der Rabbi, „keiner erwähnte meine Bescheidenheit."

Der war wirklich ein Heiliger, der sagte:
„Ich bin nur vier leere Wände um einen leeren Raum."
Niemand könnte erfüllter sein.

Schuldbekenntnis

Ein zweiundneunzig Jahre alter Priester wurde von jedermann in der Stadt verehrt. Wenn er auf der Straße erschien, verneigte man sich tief, denn der Mann galt als heilig. Er war auch Mitglied des Rotary Klubs. Bei jeder Versammlung war er anwesend, immer pünktlich und saß stets auf seinem Lieblingsplatz in einer Ecke des Raumes.

Eines Tages war er verschwunden. Es war, als hätte er sich in Luft aufgelöst, denn trotz allen Suchens fand man keine Spur von ihm. Als sich jedoch im folgenden Monat der Rotary Klub wieder versammelte, saß er wie gewöhnlich in seiner Ecke.

„Aber, Father", riefen sie, „wo wart Ihr?" – „Im Gefängnis", antwortete der Priester ruhig. „Im Gefängnis? Aber um Himmels willen, Ihr könnt doch keiner Fliege etwas zuleide tun. Was ist passiert?" – „Das ist eine lange Geschichte", sagte der Priester. „Kurz gesagt, folgendes ist passiert. Ich kaufte mir eine Fahrkarte, um in die Stadt zu fahren und wartete auf dem Bahnsteig auf den Zug, als ein Polizist mit einem außerordentlich schönen Mädchen im Griff auftauchte. Sie musterte mich, drehte sich zu dem Polypen und sagte: ‚Der war's!' Und um die Wahrheit zu sagen, ich fühlte mich so geschmeichelt, daß ich mich schuldig bekannte."

Schweigen können

Vier Mönche beschlossen, einen Monat zu schweigen. Zunächst ging alles gut, aber nach dem ersten Tag sagte ein Mönch: „Ich bin nicht sicher, ob ich meine Zellentür zugeschlossen habe, als wir das Kloster verließen."

Ein anderer sagte, „Du Narr! Wir haben beschlossen, einen Monat zu schweigen, und nun hast du das Schweigen gebrochen."

Der dritte sagte: „Und du? Du hast es auch gebrochen."

Sagte der vierte: „Gott sei Dank bin ich der einzige, der noch nicht gesprochen hat."

Der zu enge Heiligenschein

Ein Mann kam zu einem Arzt und sagte: „Doktor, ich habe wahnsinnige Kopfschmerzen, die ich nie loswerde. Könnten Sie mir nicht etwas dagegen geben?"

„Durchaus“, sagte der Arzt, „aber zunächst möchte ich einige Dinge abklären. Sagen Sie, trinken Sie viel Alkohol?“

„Alkohol?“ erwiderte der Mann empört. „Dieses widerliche Zeug rühre ich nicht an.“

„Wie steht's mit dem Rauchen?“

„Ich finde Rauchen ekelhaft. Nie in meinem Leben habe ich Tabak auch nur angefaßt.“

„Es ist mir etwas peinlich, diese Frage zu stellen, aber Sie kennen ja die Männer ... treiben Sie sich nachts herum?“

„Natürlich nicht. Für wen halten Sie mich? Ich bin jeden Abend spätestens um zehn Uhr im Bett.“

„Sagen Sie“, fragte der Arzt, „ist dieses Kopfweh, von dem Sie sprechen, ein scharfer, stechender Schmerz?“

„Ja“, sagte der Mann. „Das ist es – ein scharfer, stechender Schmerz.“

„Ganz einfach, mein Lieber! Ihr Problem liegt darin, daß Ihr Heiligenschein zu stramm sitzt. Wir brauchen ihn nur etwas zu lockern.“

Dankend abgelehnt

Ein einflußreicher britischer Politiker drängte Disraeli immer wieder, ihm die Baronswürde zu verleihen. Der Premierminister sah keine Möglichkeit, den Wunsch des Mannes zu erfüllen, aber es gelang ihm, ihn abzuweisen, ohne seine Gefühle zu verletzen. Er sagte: „Es tut mir leid, Ihnen die Baronswürde nicht verleihen zu können, aber ich kann Ihnen etwas besseres geben: Sie können Ihren Freunden berichten, ich hätte Ihnen diese Würde angeboten, aber Sie haben sie abgelehnt.“

Hab Erbarmen

Eines Tages kniete ein Bischof vor dem Altar nieder und begann, sich in einem Ausbruch religiöser Leidenschaft an die Brust zu schlagen und zu rufen: „Ich bin ein Sünder, hab Erbarmen mit mir! Ich bin ein Sünder, hab Erbarmen mit mir!"

Der Ortspriester, der von diesem Beispiel an Demut inspiriert wurde, fiel neben dem Bischof auf die Knie, begann sich an die Brust zu schlagen und zu rufen: „Ich bin ein Sünder, hab Erbarmen mit mir! Ich bin ein Sünder, hab Erbarmen mit mir!"

Der Küster, der zufällig in der Kirche war, war so bewegt, daß er sich nicht zurückhalten konnte. Auch er fiel auf die Knie, schlug sich an die Brust und rief: „Ich bin ein Sünder, hab Erbarmen mit mir!"

Worauf der Bischof den Priester anstieß, auf den Küster zeigte und lächelnd sagte: „Sehen Sie mal, wer da denkt, er sei ein Sünder."

Das ist hier nicht der Himmel

Es war einmal ein Asket, der ein enthaltsames Leben führte und es als seine Lebensaufgabe ansah, gegen sexuelle Wünsche bei sich und anderen anzukämpfen.

Als seine Zeit gekommen war, starb er. Und sein Schüler, der diesen Schock nicht überwinden konnte, starb kurz danach. Als er die andere Welt erreichte, traute er seinen Augen nicht: da saß sein geliebter Meister und hatte eine außergewöhnlich schöne Frau auf dem Schoß!

Er beruhigte sich bei dem Gedanken, daß sein Meister für seine sexuelle Enthaltsamkeit auf Erden belohnt wurde. Er trat zu ihm und sagte: „Geliebter Meister, nun weiß ich, daß Gott gerecht ist, denn Ihr werdet im Himmel für Eure Entbehrungen auf der Erde belohnt."

Der Meister schien ärgerlich: „Idiot", sagte er, „das ist hier nicht der Himmel, und ich werde nicht belohnt – sie wird bestraft."

Wenn der Schuh paßt
wird der Fuß vergessen;
wenn der Gürtel paßt,
wird die Taille vergessen;
wenn alle Dinge in Harmonie sind,
wird das Ego vergessen.
Was nützen also eure Entbehrungen?

An Gott denken

Man sah den Ortspfarrer des öfteren im Gespräch mit einer schönen Frau von schlechtem Ruf – und das auch noch in der Öffentlichkeit, was seine Pfarrkinder als Skandal ansahen.

Er wurde zu einer Standpauke vor den Bischof zitiert. Als der Bischof fertig war, sagte der Pfarrer: „Euer Exzellenz, ich war immer der Meinung, es sei besser, mit einer schönen Frau zu reden und dabei an Gott zu denken, als zu Gott zu beten und an eine schöne Frau zu denken."

Geht der Mönch in eine Taverne,
wird die Taverne seine Zelle.
Geht der Betrunkene in eine Zelle,
wird die Zelle seine Taverne.

Vortäuschung

Ein Erdbeben erschütterte die Stadt, und der Meister stellte erfreut fest, wie sehr seine Schüler von seiner zur Schau getragenen Furchtlosigkeit beeindruckt waren.

Als er einige Tage später gefragt wurde, was es heiße, die Angst zu besiegen, erinnerte er an sein eigenes Beispiel: „Habt ihr bemerkt, daß ich still dasaß und ruhig Wasser trank, während alle Welt in Panik hin und her lief? Hat einer von euch gesehen, daß meine Hand, die das Glas hielt, zitterte?"

„Nein", sagte ein Schüler, „aber Ihr trankt nicht Wasser, sondern Sojabohnensoße."

Angst vor dem Drachen

Nisterus, der Große, einer der heiligen Väter der Ägyptischen Wüste, wanderte eines Tages mit einer großen Anzahl Schüler, die ihn als einen Gottesmann verehrten, durch die Wüste.

Plötzlich erschien vor ihnen ein Drachen, und sie liefen alle davon.

Viele Jahre später, als Nisterus im Sterben lag, sagte einer der Schüler zu ihm: „Vater, hattet Ihr auch Angst an jenem Tag, als wir den Drachen sahen?"

„Nein", erwiderte der Sterbende.

„Warum lieft Ihr dann mit uns davon?"

„Ich hielt es für besser, vor dem Drachen zu fliehen, als später vor dem Geist der Eitelkeit."

Wie Longinus heilte

Als die ägyptischen Wüsten die Heimstatt jener heiligen Männer waren, die man Wüstenväter nannte, machte sich eine Frau, die an Brustkrebs litt, auf die Suche nach einem gewissen Abbas Longinus, denn er hatte den Ruf eines Heiligen und eines Heilers.

Als die Frau an der Küste entlangging, stieß sie auf Longinus, der Brennholz sammelte, und sagte zu ihm: „Ehrwürdiger Vater, könntet Ihr mir sagen, wo der Diener Gottes, Abbas Longinus wohnt?"

Longinus antwortete: „Was wollt Ihr von dem alten Schwindler? Geht nicht zu ihm, denn er wird Euch nur Schaden zufügen. Was bedrückt Euch?"

Sie sagte ihm, worum es sich handelte. Darauf gab er ihr seinen Segen und schickte sie zurück mit den Worten: „Geht nun, und Gott wird Euch sicher wieder heil machen. Longinus hätte Euch nicht helfen können."

Darauf ging die Frau fort, bestärkt in dem Glauben, daß sie geheilt worden war – und sie war es, noch ehe ein Monat vergangen war – und sie starb viele Jahre später, ohne zu ahnen, daß sie damals von Longinus geheilt worden war.

Auf den Vorrang achten

Es geschah einmal, daß ein Schüler des muslimischen Mystikers Bahaudin Naqshband gefragt wurde: „Sagt mir, warum verbirgt Euer Meister seine Wunder. Ich habe persönliche Hinweise, die zweifelsohne beweisen, daß er an mehr als einem Ort gleichzeitig war; daß er Menschen durch die Kraft seiner Gebete geheilt hat, ihnen aber sagt, es sei das Werk der Natur; daß er Menschen, die Kummer hatten, geholfen hat, es dann aber ihrem Glück zuschreibt. Warum tut er das?"

„Ich weiß genau, was Ihr sagen wollt", antwortete der Schüler, „denn auch ich habe diese Dinge beobachtet. Und ich glaube, ich kann Eure Frage beantworten. Zunächst schreckt der Meister davor zurück, im Mittelpunkt der Aufmerksamkeit zu stehen. Und zweitens ist er überzeugt, daß wenn Menschen erst einmal beginnen, sich für das Wunderbare zu interessieren, sie keine Lust mehr haben, etwas von wirklich geistlichem Wert zu lernen."

Tugend oder Leben

Laila und Rama liebten sich, waren aber zu arm, um heiraten zu können. Sie lebten in verschiedenen Dörfern, die durch einen breiten Fluß getrennt waren, in dem es von Krokodilen wimmelte.

Eines Tages hörte Laila, daß ihr Rama gefährlich erkrankt war und niemand hatte, der ihn pflegte. Sie stürzte ans Flußufer und beschwor den Fährmann, sie überzusetzen, obgleich sie nicht bezahlen konnte.

Aber der niederträchtige Bootsmann weigerte sich, wenn sie nicht einwilligte, in dieser Nacht mit ihm zu schlafen. Die arme Frau bat und bettelte, aber ohne Erfolg, so daß sie schließlich aus lauter Verzweiflung auf seine Bedingungen einging.

Als sie endlich bei Rama eintraf, war er dem Tode nahe. Aber sie blieb einen Monat bei ihm und pflegte ihn gesund. Eines Tages fragte Rama, wie sie es fertiggebracht hätte, den Fluß zu überqueren. Da sie ihren Geliebten nicht belügen wollte, sagte sie ihm die Wahrheit.

Als Rama das hörte, bekam er einen Wutanfall, denn für ihn galt Tugend mehr als das Leben selbst. Er jagte sie aus dem Haus und wollte sie nie wiedersehen.

Konsequent

Gessen war ein buddhistischer Mönch. Er war auch ein außerordentlich begabter Künstler. Ehe er jedoch an einem Gemälde zu arbeiten begann, verlangte er stets eine Vorauszahlung. Und seine Forderungen waren maßlos. So wurde er bekannt als der geldgierige Mönch.

Einmal ließ ihn eine Geisha kommen, damit er ein Bild für sie male. Gessen sagte: „Wieviel zahlst du mir?" Das Mädchen hatte zufällig einen Kunden da. Sie sagte: „Jeden Betrag, den du verlangst. Aber du mußt hier und jetzt vor mir malen."

Gessen machte sich sofort an die Arbeit, und als das Bild fertig war, nannte er die höchste Summe, die er je verlangt hatte. Als die Geisha ihm das Geld gab, sagte sie zu ihrem Kunden: „Dieser ist angeblich ein Mönch, aber er denkt nur an Geld. Sein Talent ist außergewöhnlich, aber er hat ein schmutziges, geldgieriges Gemüt. Wie soll man die Leinwand eines solch gewinnsüchtigen Mannes ausstellen? Seine Arbeit taugt gerade für meine Unterwäsche."

Bei diesen Worten warf sie ihm einen Unterrock hin und verlangte, daß er ein Bild darauf male. Gessen stellte die übliche Frage, bevor er sich an die Arbeit machte. „Wieviel wirst du zahlen?" – „Jeden Betrag, den du verlangst." Gessen nannte seinen Preis, malte das Bild, steckte unverfroren das Geld ein und ging weg.

Viele Jahre später entdeckte man zufällig, warum Gessen so geldgierig war. Seine Heimatprovinz wurde oft von verheerenden Hungersnöten heimgesucht. Die Reichen taten nichts, um den Armen zu helfen. Also ließ Gessen insgeheim Scheunen bauen und für solche Notfälle mit Getreide füllen. Niemand wußte, woher das Korn kam, oder wer der Wohltäter der Provinz war.

Gessen brauchte noch aus einem anderen Grund Geld, nämlich für die Straße, die von der Stadt zu seinem weitentfernten Dorf führte. Sie war in einem solch schlechten Zustand, daß Ochsenkarren nicht darauf fahren konnten; für die Alten und Kranken war das eine große Beschwernis, wenn sie in die Stadt mußten. Also ließ Gessen die Straße ausbessern.

Schließlich war da noch ein Meditationstempel, den Gessens Lehrer immer hatte bauen wollen, aber aus Geldmangel nicht bauen konnte. Gessen errichtete diesen Tempel als Zeichen der Dankbarkeit gegenüber seinem verehrten Lehrer.

Nachdem der geldgierige Mönch die Straße, den Tempel und die Scheunen hatte bauen lassen, warf er Malfarben und Pinsel weg, zog sich in die Berge zurück, um dort ein kontemplatives Leben zu führen. Er malte kein Bild mehr.

Gewöhnlich zeigt das Betragen eines Menschen genau das, was der Beobachter schon vorausgesehen hat.

Starke Worte

Ein Mann war zum Fischfang in den nördlichen Bergen unterwegs. Eines Tages begann ihm sein Bergführer Anekdoten von dem Bischof zu erzählen, den er im letzten Sommer geführt hatte.

„Doch", sagte der Führer, „er ist ein guter Mann, wenn man von seiner Redeweise absieht."

„Wollen Sie damit sagen, daß der Bischof fluchte?" fragte der Mann.

„Aber natürlich, Sir", antwortete der Führer. „Einmal fing er einen prächtigen Lachs. Gerade als er ihn an Land ziehen wollte, riß er sich vom Haken los. Ich sagte zu dem Bischof: ‚Verdammtes Pech ist das!' Der Bischof sieht mich darauf an und sagt: ‚Ja, das ist es wirklich.' Aber das war auch das einzige Mal, daß er solch starke Worte brauchte."

Menschlich – unmenschlich

In der Meiji Ära lebten in Tokio zwei sehr bekannte Lehrer, wie man sie sich unterschiedlicher nicht vorstellen könnte. Der eine, Unsho, ein Shingon Lehrer, war ein Mann, der peinlich genau alle Vorschriften Buddhas beachtete. Er erhob sich lange vor Morgengrauen, zog sich zurück bei Anbruch der Nacht, aß nichts mehr, wenn die Sonne den Zenith überschritten hatte und trank keine berauschenden Getränke. Der andere, Tanzan, war ein Philosophie-Professor an der kaiserlichen Todai Universität. Er beachtete keine Vorschriften, denn er aß, wenn ihm der Sinn danach stand und schlief sogar bei Tage.

Eines Tages besuchte Unsho Tanzan und fand ihm beim Bechern. Das war ein Skandal, denn auch nicht ein einziger Tropfen sollte über die Lippen eines Buddhisten kommen.

„Hallo, mein Freund", rief Tanzan, „wollt Ihr nicht eintreten und ein Glas mit mir trinken?"

Unsho war empört, sagte aber nur mit beherrschter Stimme: „Ich trinke nie."

„Einer, der nicht trinkt, ist nicht menschlich", sagte Tanzan.

Dieses Mal verlor Unsho die Beherrschung. „Wollt Ihr sagen, ich sei unmenschlich, weil ich nicht anrühre, was Buddha ausdrücklich verboten hat? Wenn ich nicht menschlich bin, was bin ich dann?"

„Ein Buddha", sagte Tanzan vergnügt.

Tanzan starb genau so unspektakulär wie er gelebt hatte. Am letzten Tag seines Lebens schrieb er sechzig Postkarten, die alle gleich lauteten: „Ich scheide aus dieser Welt. Das ist meine letzte Verlautbarung. Tanzan, 27. Juli 1892. Er bat einen Freund, die Karten für ihn zur Post zu bringen, und verschied dann ruhig.

Kontaktstörungen

Eine fünfköpfige Familie war glücklich, einen Tag am Strand verbringen zu können. Die Kinder badeten im Meer und bauten Sandburgen, als eine kleine alte Dame auf sie zukam. Ihr graues Haar wehte im Wind und ihre Kleidung war schmutzig und zerlumpt. Sie murmelte vor sich hin, während sie Gegenstände vom Boden aufhob und in eine Tasche tat.

Die Eltern riefen die Kinder zu sich und sagten, sie sollten sich von der alten Dame fernhalten. Als sie vorbeiging und sich hin und wieder bückte, um etwas aufzuheben, lächelte sie der Familie zu: Aber ihr Gruß wurde nicht erwidert.

Viele Wochen später erfuhren sie, daß die kleine alte Dame es sich zur Lebensaufgabe gemacht hatte, Glasscherben am Strand aufzuheben, damit sich die Kinder nicht die Füße aufschnitten.

Der Asket, der Purzelbäume schlägt

Umherziehende Asketen sind in Indien nichts Ungewöhnliches, und eine Bauersfrau hatte ihrem Sohn verboten, zu ihnen hinzugehen. Einige galten zwar als heilig, aber andere waren dafür bekannt, daß sie insgeheim die Menschen ausnutzten.

Eines Tages blickte eine Mutter aus dem Fenster und sah einen Asketen, den die Dorfkinder umringten. Zu ihrem Erstaunen machte der Mann ohne Rücksicht auf seine Würde Purzelbäume, um die Kinder zu erfreuen. Das beeindruckte sie so, daß sie ihren kleinen Jungen rief und sagte: „Sohn, das ist ein heiliger Mann, zu ihm kannst du hinausgehen."

Beispielhaft

Es war einmal ein Priester, der war so heilig, daß er nie von einem Menschen schlecht dachte.

Eines Tages ging er in ein Restaurant, um eine Tasse Kaffee zu trinken, mehr konnte er nicht zu sich nehmen, weil es ein Tag des Fastens und der Enthaltsamkeit war, als er zu seinem Erstaunen ein junges Gemeindemitglied sah, der am Nebentisch ein Riesensteak verzehrte.

„Hoffentlich habe ich Sie nicht schockiert, Father", sagte der junge Bursche lächelnd.

„Ich nehme an, Sie haben vergessen, daß heute Fasttag ist", sagte der Priester.

„Nein, durchaus nicht, ich habe daran gedacht."

„Dann sind Sie sicher krank. Der Arzt hat Ihnen bestimmt verboten zu fasten."

„Durchaus nicht. Es geht mir phantastisch."

Jetzt blickte der Priester gen Himmel und sagte: „Was für ein Beispiel gibt uns diese junge Generation, Herr! Dieser junge Mann hier gibt lieber seine Sünden zu, als zu lügen."

Das dröhnende Lachen

Von dem großen Zen-Meister Rinzai wird erzählt, daß er jeden Abend vor dem Zubettgehen ein dröhnendes Lachen von sich gab, das in allen Gängen widerhallte und überall in den Klostergebäuden zu hören war.

Und das erste, was er tat, wenn er bei Morgengrauen aufwachte, war schallend zu lachen, laut genug, um jeden Mönch auch aus dem tiefsten Schlaf zu wecken.

Seine Schüler fragten ihn immer wieder, warum er lachte, aber er wollte es ihnen nicht sagen. Und als er starb, nahm er das Geheimnis seines Lachens mit ins Grab.

Von der Tat zum Gelächter

Der Meister war in mitteilsamer Stimmung, also versuchten seine Schüler von ihm zu erfahren, welche Entwicklungsstufen er auf seiner Suche nach dem Göttlichen durchgemacht hatte.

„Zuerst nahm mich Gott an der Hand und führte mich in das Land der Tat, und dort blieb ich mehrere Jahre. Dann kehrte Er zu mir zurück und führte mich in das Land des Leidens; dort lebte ich, bis mein Herz von jeder übermäßigen Bindung gereinigt war. Darauf fand ich mich wieder im Land der Liebe, dessen brennende Flamme alles verzehrte, was von meinem Selbst übriggeblieben war. Und das brachte mich in das Land der Stille, wo die Geheimnisse von Leben und Tod vor meinen staunenden Augen enthüllt wurden."

„War das die letzte Stufe Eurer Suche?" fragten sie.

„Nein", sagte der Meister, „eines Tages sagte Gott, ‚heute werde ich dich in das innerste Heiligtum des Tempels mitnehmen, in das Herz von Gott selbst.' Und ich wurde in das Land des Lachens geführt."

Ich bekenne mich schuldig

„Angeklagter", sagte der Großinquisitor, „Ihnen wird vorgeworfen, Menschen ermutigt zu haben, Gesetze, Traditionen und Regeln unserer heiligen Religion zu brechen. Was haben Sie dazu zu sagen?"

„Ich bekenne mich schuldig, Euer Ehren."

„Sie werden beschuldigt, des öfteren in Gesellschaft von Ketzern, Prostituierten, gemeinen Sündern, wucherischen Steuereinnehmern, den kolonialen Eroberern unseres Volkes, kurz dem Abschaum der Gesellschaft gesehen worden zu sein. Was sagen Sie dazu?"

„Ich bekenne mich schuldig, Euer Ehren."

„Man wirft Ihnen vor, öffentlich jene kritisiert und gebrandmarkt zu haben, die in der Kirche Gottes an oberste Stelle gesetzt wurden. Was sagen Sie dazu?"

„Schuldig, Euer Ehren."

„Schließlich sind Sie angeklagt, die heiligen Lehrsätze unseres Glaubens revidieren, korrigieren und in Frage stellen zu wollen. Was sagen Sie dazu?"

„Ich bekenne mich schuldig, Euer Ehren."

„Wie heißen Sie, Gefangener?"

„Jesus Christus, Euer Ehren."

Religion leben ist für manche Leute genauso beunruhigend, wie sie in Zweifel ziehen.

DAS EIGENE ICH

Der geheimnisvollste Gegenstand

Ein älterer Herr betrieb in einer größeren Stadt ein Antiquitätengeschäft. Eines Tages betrat ein Tourist den Laden und unterhielt sich mit dem alten Mann über die vielen Dinge, die hier aufgestapelt waren.

Sagte der Tourist: „Welches ist für Sie der seltsamste und geheimnisvollste Gegenstand, den Sie hier haben?"

Der alte Mann warf einen Blick auf die unzähligen Kuriositäten, Antiquitäten, ausgestopften Tiere, Schrumpfköpfe, präparierten Fische und Vögel, archäologischen Fundstücke, Hirschköpfe ... wandte sich dann dem Touristen zu und sagte: „Das seltsamste Ding in diesem Laden bin zweifellos ich selbst."

Noch nie dagewesen

Eine Lehrerin behandelte in einer Schulstunde moderne Erfindungen.

„Kann einer von euch eine wichtige Sache nennen, die es vor fünfzig Jahren noch nicht gab?" fragte sie.

Ein heller Kopf in der ersten Reihe hob eifrig die Hand und sagte: „Mich!"

Wohin du auch gehst

Es gibt eine aufschlußreiche Geschichte von einem Mönch, der in der ägyptischen Wüste lebte, und so von Versuchungen gequält wurde, daß er es nicht mehr länger aushalten konnte. Er beschloß also, seine Zelle zu verlassen und an einen anderen Ort zu gehen.

Als er seine Sandalen anlegte, um seinen Entschluß auszuführen, sah er nicht weit entfernt einen anderen Mönch, der sich auch die Sandalen anzog.

„Wer bist du?" fragte er den Fremden.

„Ich bin dein eigenes Ich", lautete die Antwort, „solltest du etwa meinetwegen diesen Ort verlassen, dann wisse, wohin du auch immer gehst, ich stets mit dir gehen werde."

Ein verzweifelter Patient sagte zu seinem Psychiater: „Wohin ich auch gehe, immer muß ich mich mitnehmen, und das verdirbt mir jeden Spaß."

Wovor du wegläufst und wonach du dich sehnst, beides ist in dir.

Größer als gedacht

Ein Suchender war unterwegs zu einem Meister, der ihn auf den Pfad der Heiligkeit führen würde. Er kam zu einem Ashram, dem ein Guru vorstand, der zwar im Ruf großer Heiligkeit stand, aber auch ein Betrüger war. Doch der Suchende wußte das nicht.

„Ehe ich dich als Schüler annehme", sagte der Guru, „muß ich deinen Gehorsam prüfen. In der Nähe des Ashram fließt ein von Krokodilen wimmelnder Fluß. Ich möchte, daß du durch diesen Fluß watest."

Der Glaube des jungen Schülers war so groß, daß er genau das tat: er durchwatete den Fluß mit dem Ruf: „Gelobt sei die Kraft meines Gurus!" Zu des Gurus Erstaunen erreichte der Mann das andere Ufer und kam unversehrt zurück.

Das überzeugte den Guru, daß er ein größerer Heiliger war, als er selbst gedacht hatte und er beschloß, allen seinen Schülern seine Kraft zu demonstrieren und dadurch seinen Ruf, ein Heiliger zu sein, zu untermauern. Er stieg in den Fluß und rief: „Seht her und staunt!" Die Krokodile stürzten sich sogleich auf ihn und verschlangen ihn.

Der Teufel in Engelskleidern

Eines Tages erschien der Teufel als Engel verkleidet einem der heiligen Wüstenväter und sagte: „Ich bin der Engel Gabriel und vom Allmächtigen zu dir gesandt worden."

Der Mönch erwiderte: „Überleg noch einmal. Du bist sicher zu jemand anders geschickt worden. Ich habe nichts getan, um den Besuch eines Engels zu verdienen."

Bei diesen Worten verschwand der Teufel und wagte sich niemals mehr in die Nähe des Mönches.

Verdammt guter Schlag!

Als ein Tourist in Japan einen Golfplatz besuchte, fiel ihm auf, daß fast alle guten Caddies Frauen waren.

Eines Tages kam er zu spät auf den Platz und mußte einen zehnjährigen Jungen als Caddie nehmen. Es war ein winziger Bursche, der wenig Ahnung vom Platz und vom Spiel hatte und nur drei Worte Englisch sprach.

Dank dieser drei Worte jedoch, behielt ihn der Tourist für den Rest seines Aufenthaltes als Caddie. Nach jedem Schlag, wie immer der auch ausgegangen war, stampfte das Bürschlein mit dem Fuß auf und rief voller Begeisterung: „Verdammt guter Schlag!"

Mutter oder Freundin

Eine Frau fühlte sich tief verletzt durch das Benehmen ihres fünfzehn Jahre alten Sohnes. Immer wenn sie zusammen ausgingen, lief er vor ihr her. Schämte er sich ihrer? Eines Tages fragte sie ihn.

„Aber nein, Mama, bestimmt nicht", lautete seine verlegene Antwort. „Du siehst jedoch so jung aus, daß ich fürchte, meine Freunde könnten denken, ich hätte eine neue Freundin."

Ihr Kummer war verflogen wie durch Zauberhand.

Erst fünfundachtzig

Ein älterer Mann stand mit einem Stück Kuchen in der Hand vor der Tür: „Meine Frau wird heute 86", sagte er, „und ich soll Ihnen ein Stück Geburtstagskuchen bringen." Der Kuchen wurde dankbar in Empfang genommen, besonders weil der Mann fast eine halbe Meile gelaufen war, um ihn zu überbringen.

Eine Stunde später stand er wieder vor der Tür. „Ist etwas passiert?" wurde gefragt.

„Nun ja", sagte er verlegen, „Agatha hat mich zurückgeschickt, um zu sagen, sie sei erst fünfundachtzig."

Der Hahn und das Bauernpferd

Ein Hahn scharrte in der Box eines großen Bauernpferdes. Als das Pferd unruhig wurde und hin und her zu stampfen begann, blickte der Hahn zu ihm auf und sagte: „Wir sollten beide vorsichtig sein, Brüderchen, sonst treten wir uns gegenseitig auf die Zehen."

Ratet, was die Ameise zum Elefanten sagte, als Noah alle Tiere vor der Arche antreten ließ.
Sie sagte: „Hör auf, mich zu schubsen!"

Der Elefant und der Floh

Ein Floh beschloß, mit seiner Familie in ein Elefantenohr umzuziehen. Also rief er: „Mr. Elefant, Sir, meine Familie und ich haben vor, in Ihr Ohr zu ziehen. Ich finde es fair, Ihnen eine Woche Bedenkzeit zu geben, und es mich wissen zu lassen, wenn Sie etwas dagegen haben."

Der Elefant, der von der Existenz des Flohs noch nicht einmal etwas gemerkt hatte, trottete gemächlich weiter, so daß der Floh nach einer Woche gewissenhaften Wartens, die Einwilligung des Elefanten voraussetzte und einzog.

Einen Monat später fand Frau Floh, daß das Elefantenohr kein gesunder Wohnort war und drängte ihren Mann, wieder auszuziehen. Herr Floh bat sie, doch wenigstens noch einen Monat länger zu bleiben, um nicht die Gefühle des Elefanten zu verletzen.

Schließlich formulierte er es so taktvoll wie möglich: „Mr. Elefant, Sir, wir haben vor, ein anderes Quartier zu beziehen. Das hat natürlich mit Ihnen überhaupt nichts zu tun, denn Ihr Ohr ist geräumig und warm. Es geht nur darum, daß meine Frau lieber in der Nähe ihrer Freunde im Büffelfuß wohnen möchte. Sollten Sie etwas gegen unseren Umzug einzuwenden haben, so lassen Sie mich doch das bitte im Verlauf der nächsten Woche wissen."

Der Elefant sagte nichts, und so zogen Flohs mit reinem Gewissen um.

Das Universum weiß nichts von deiner Existenz! Also bitte keine Aufregung!

Die Handwerker und der Chor

Der Chor hielt seine Generalprobe in einem Höllenlärm, weil die Bühnenarbeiter dabei waren, letzte Hand an die Bühnenaufbauten zu legen.

Als ein junger Bursche so laut darauf loshämmerte, daß der Krach unerträglich wurde, klopfte der Dirigent ab und warf ihm einen flehenden Blick zu.

„Singen Sie ruhig weiter", rief der fröhliche Arbeiter, „es stört mich nicht im geringsten!"

Der Fensterputzer

Eine Frau kam splitternackt aus der Dusche und wollte gerade nach ihrem Badetuch greifen, als sie zu ihrem Entsetzen einen Mann auf einem Gerüst draußen sah, der ihr Fenster putzte und sie anerkennend musterte.

Sie war von dieser unerwarteten Erscheinung so schokkiert, daß sie wie angenagelt stehen blieb und den Mann anstarrte.

„Was ist los, Lady?" fragte der Bursche vergnügt, „haben Sie noch nie einen Fensterputzer gesehen?"

Der schwache Punkt

Es war einmal ein Wissenschaftler, der die Kunst, sich selbst zu reproduzieren, so perfekt beherrschte, daß es unmöglich war, die Nachbildung vom Original zu unterscheiden. Eines Tages erfuhr er, daß der Engel des Todes ihn suche, also fertigte er ein Dutzend Kopien von sich an. Der Engel war ratlos, wie er herausfinden sollte, welches der dreizehn Exemplare, die er vor sich hatte, nun der Wissenschaftler war. Also ließ er es dabei bewenden und kehrte in den Himmel zurück.

Aber nicht lange, denn als Fachmann für Menschliches, Allzumenschliches kam er auf einen Kunstgriff. Er sagte: „Sir, Sie müssen ein Genie sein, weil sie so perfekte Nachbildungen Ihrer selbst herstellen können. Ich habe jedoch einen schwachen Punkt in Ihrer Arbeit entdeckt, nicht schwerwiegend, nur einen winzigen Fehler."

Sofort sprang der Wissenschaftler vor und rief: „Unmöglich. Wo sollte da ein Fehler sein?"

„Genau hier", sagte der Engel, als er den Mann aus der Reihe der Nachbildungen herausholte und ihn fortführte.

Die Spinnwebe im Turban

Es war einmal ein alter arabischer Richter, dessen Weisheit gerühmt wurde. Eines Tages kam ein Geschäftsmann zu ihm und klagte, daß aus seinem Laden Waren gestohlen würden, er aber des Diebes nie habhaft werden könnte.

Der Richter ordnete an, die Ladentür aus den Angeln zu heben, auf den Marktplatz zu bringen und ihr dort fünfzig Peitschenhiebe zu verabreichen, weil sie ihrer Pflicht nicht nachgekommen war, den Dieb aus dem Laden fernzuhalten.

Eine große Menschenmenge versammelte sich, um zuzusehen, wie dieser seltsame Urteilsspruch ausgeführt wurde. Als die Hiebe ausgeteilt worden waren, beugte sich der Richter zu der Tür hinunter und fragte, wer der Dieb sei. Er legte sein Ohr an die Tür, um besser hören zu können, was sie zu sagen hatte.

Als er sich aufrichtete, verkündete er: „Die Tür erklärt, die Diebereien seien von einem Mann begangen worden, der auf seinem Turban eine Spinnwebe hat." In dem Augenblick hob ein Mann aus der Menge die Hand und faßte an seinen Turban. Sein Haus wurde durchsucht und die gestohlenen Waren gefunden.

Es bedarf nur eines schmeichelnden
oder kritischen Wortes,
um das wahre Ich aufzudecken.

Diese Karotte gehört mir

Eine alte Frau starb, und Engel brachten sie vor den Richterstuhl. Bei Durchsicht ihrer Akte fand der Richter jedoch keine einzige barmherzige Tat, außer daß sie einmal einem hungrigen Bettler eine Karotte gegeben hatte.

Eine einzige liebevolle Tat wiegt jedoch sehr viel, und so beschloß man, sie um dieser Karotte willen in den Himmel zu bringen. Die Karotte wurde dem Gericht vorgeführt und ihr übergeben. Im gleichen Augenblick als sie sie ergriff, begann die Karotte, wie von unsichtbaren Fäden gezogen, aufzusteigen und trug die Frau mit sich gen Himmel.

Ein Bettler tauchte auf. Er klammerte sich an den Saum ihres Kleides und wurde mit ihr zusammen hochgehoben. Eine dritte Person bekam den Fuß des Bettlers zu fassen und wurde auch hochgezogen. Bald war da eine lange Menschenkette, die von dieser Karotte emporgezogen wurde. Und so seltsam es auch klingen mag, die Frau spürte das Gewicht der vielen Leute nicht, die sich an ihr festhielten; tatsächlich bemerkte sie sie gar nicht, da sie himmelwärts blickte.

Sie stiegen immer höher, bis sie beinahe das Himmelstor erreicht hatten. Da schaute die Frau zurück, um noch einen letzten Blick auf die Erde zu tun und sah das ganze Gefolge.

Sie war empört! Mit einer gebieterischen Handbewegung rief sie: „Macht, daß ihr wegkommt, alle! Das ist meine Karotte!"

Bei dieser herrischen Geste, mußte sie die Karotte einen Augenblick loslassen – und stürzte mit ihrem ganzen Troß in die Tiefe.

Alles Übel auf der Welt hat nur eine Ursache:
„Das gehört mir!"

Ein begnadetes Werk

Ein Holzschnitzer namens Ching hatte gerade die Arbeit an einem Glockenstuhl beendet. Alle, die ihn sahen, staunten, denn es war ein begnadetes Werk. Als der Herzog von Lu es erblickte, sagte er: „Was ist das für eine Begabung, die Euch ein solches Meisterwerk vollbringen läßt?"

Der Holzschnitzer erwiderte: „Sir, ich bin nur ein einfacher Handwerker, ich bin kein Genie. Wenn ich einen Glockenstuhl machen will, meditiere ich drei Tage, um meine Gedanken zu beruhigen. Wenn ich drei Tage meditiert habe, denke ich nicht mehr an Belohnung oder Vergütung. Wenn ich fünf Tage meditiert habe, denke ich nicht mehr an Lob oder Tadel, an Geschicklichkeit oder Unbeholfenheit. Wenn ich sieben Tage meditiert habe, vergesse ich plötzlich meine Glieder, meinen Körper, ja, mein ganzes Selbst. Ich weiß nichts mehr von meinem Arbeitsplatz und meiner Umgebung. Nur mein Können bleibt. In diesem Zustand gehe ich in den Wald und prüfe jeden Baum, bis ich einen finde, in dem ich den Glockenstuhl in seiner ganzen Vollkommenheit sehe. Dann machen sich meine Hände an die Arbeit. Da ich mein Selbst beiseite geschoben habe, trifft Natur auf Natur in der Arbeit, die durch mich getan wird. Das ist zweifellos der Grund, warum jeder sagt, das fertige Produkt sei ein begnadetes Werk."

Sagte ein weltberühmter Geiger über seinen Erfolg bei der Wiedergabe von Beethovens Violinenkonzert: „Ich habe eine herrliche Partitur, eine wunderbare Geige und einen sehr guten Bogen. Ich brauche sie nur zusammenzubringen und dann beiseite zu treten."

Wer ist Maruf Karkhi?

Ein Schüler kam zu Maruf Karkhi, dem Moslem-Meister und sagte: „Ich habe mit anderen Leuten über dich gesprochen. Die Juden sagen, du seist einer der ihren. Die Christen halten dich für einen ihrer Heiligen. Und die Muslime sehen in dir eine Zierde des Islam."

Maruf erwiderte: „So reden sie hier in Bagdad. Als ich in Jerusalem lebte, nannten mich die Juden einen Christen; die Christen einen Muslim und die Muslime einen Juden."

„Was sollen wir also von dir halten?"

„Haltet mich für einen Mann, der folgendes von sich sagte: ‚Die, die mich nicht verstehen, verehren mich. Die, die mich schmähen, verstehen mich auch nicht.'"

Wenn du denkst, du seist der,
für den dich Freunde und Feinde halten,
kennst du dich offensichtlich selbst nicht.

Wer bist du?

Eine Frau lag im Koma. Plötzlich hatte sie das Gefühl, sie käme in den Himmel und stände vor dem Richterstuhl.

„Wer bist du?" fragte eine Stimme.

„Ich bin die Frau des Bürgermeisters", erwiderte sie.

„Ich habe nicht gefragt, wessen Ehefrau du bist, sondern wer du bist."

„Ich bin die Mutter von vier Kindern."

„Ich habe nicht gefragt, wessen Mutter du bist, sondern wer du bist."

„Ich bin Lehrerin."

„Ich habe nicht nach deinem Beruf gefragt, sondern wer du bist."

Und so ging es weiter. Alles, was sie erwiderte, schien keine befriedigende Antwort auf die Frage zu sein: „Wer bist du?"

„Ich bin eine Christin."

„Ich fragte nicht, welcher Religion du angehörst, sondern wer du bist."

„Ich bin die, die jeden Tag in die Kirche ging und immer den Armen und Hilfsbedürftigen half."

„Ich fragte nicht, was du tatest, sondern wer du bist."

Offensichtlich bestand sie die Prüfung nicht, denn sie wurde zurück auf die Erde geschickt. Als sie wieder gesund war, beschloß sie, herauszufinden, wer sie war. Und darin lag der ganze Unterschied.

Deine Pflicht ist es zu sein. Nicht irgend jemand, nicht ein Niemand –denn darin liegt Habgier und Ehrgeiz- nicht dies oder jenes zu sein –und dadurch abhängig zu werden– sondern einfach zu sein.

Ein Hippie?

Ein ängstlich blickender Bursche kommt zu einem Psychiater in die Sprechstunde. Er raucht Pot, trägt eine Kette, am Saum ausgefranste, weit ausladende Hosen und schulterlanges Haar.

Der Psychiater sagt: „Sie behaupten, kein Hippie zu sein. Wie erklären Sie dann Ihre Kleidung, die Frisur und das Haschisch?"

„Um das herauszufinden, bin ich ja hergekommen, Doktor."

Viel zu wissen, heißt gelehrt sein.
Andere zu erkennen, heißt weise sein.
Sein Ich zu erkennen, heißt erleuchtet sein.

Leere englische Tonbänder

Ein Student ging zum Sekretär im Sprachlabor und sagte: „Kann ich bitte ein leeres Band haben?"

„Welche Sprache studieren Sie?" fragte der Sekretär.

„Französisch", erwiderte der Student.

„Tut mir leid, in Französisch habe ich keine leeren Bänder."

„Haben Sie vielleicht leere Tonbänder in Englisch?"

„Ja, die haben wir."

„Gut, dann nehme ich eines von denen."

Ein leeres Tonband als Englisch oder Französisch zu bezeichnen, ist wenig sinnvoll, genausowenig, wie von einer Person zu sagen, sie sei Englisch oder Französisch. Französisch oder Englisch ist deine Programmierung, nicht du.

Ein Baby, das von amerikanischen Eltern geboren und

von russischen adoptiert wurde, ahnt nichts von dieser Adoption. Es entwickelt sich zu einem großen Patrioten und berühmten Dichter, der dem kollektiven Unbewußten der russischen Seele und dem Sehnen von Mutter Rußland Ausdruck gibt:
Ist er Russe? Amerikaner? Weder noch.
Finde heraus, wer und was du bist.

Vorgesorgt

„Was soll die Tür unter Ihrem Arm?"
„Es ist die Eingangstür meines Hauses. Ich habe den Schlüssel verloren und nehme sie mit, um mir einen neuen Schlüssel machen zu lassen."

„Passen Sie auf, daß Sie jetzt nicht noch die Tür verlieren, sonst kommen Sie nicht mehr in Ihr Haus hinein."

„Für alle Fälle habe ich ein Fenster offen gelassen."

Nicht die Blumen ...

Von dem Zen-Meister Bankei sagt man, er habe keine Schule begründet. Er hinterließ keine Bücher und keine Schüler.

Er war wie ein Vogel, von dessen Flug über den Himmel keine Spur zurückblieb.

Man sagte von ihm, „kein Grashalm bewege sich, wenn er einen Wald betrat; keine Welle entstehe, wenn er durch Wasser schritt."

Er belastete die Erde nicht. Keine Heldentat, keine Eroberung, Leistung oder Spiritualität ist damit zu vergleichen: die Erde nicht belastet zu haben.

Ein Mann kam zu Buddha mit einem Strauß Blumen in der Hand. Buddha sah ihn an und sagte: „Wirf es weg!"

Er konnte nicht glauben, daß er die Blumen wegwerfen sollte. Aber dann fiel ihm ein, er solle sicherlich die Blumen wegwerfen, die er in der linken Hand hatte, weil es als unheilvoll und unhöflich galt, ein Geschenk mit der linken Hand zu übergeben. Also ließ er die Blumen fallen.

Wieder sagte Buddha: „Wirf es weg!"

Dieses Mal ließ er alle Blumen fallen und stand mit leeren Händen vor Buddha, der noch einmal lächelnd sagte: „Wirf es weg."

Erstaunt fragte der Mann: „Was soll ich wegwerfen?"

„Nicht die Blumen, mein Sohn, sondern den, der sie brachte", lautete Buddhas Antwort.

Den Unterschied sehen

Es war einmal ein Guru, den jedermann als die verkörperte Weisheit ansah. Jeden Tag hielt er Vorlesungen über verschiedene Aspekte des geistlichen Lebens, und allen war klar, daß dieser Mann nie an Vielfalt, Tiefe und ansprechendem Vortrag im Unterricht übertroffen werden konnte.

Und immer wieder fragten ihn seine Schüler nach der Quelle, aus der er diesen unerschöpflichen Vorrat an Weisheit zog. Er sagte ihnen, es stände alles geschrieben in einem Buch, das sie nach seinem Tode erben würden.

Am Tag nach seinem Tode fanden die Schüler das Buch genau dort, wo er es ihnen beschrieben hatte, daß es sein würde. Das Buch hatte nur eine Seite und darauf stand nur ein Satz. Er lautete: „Begreift den Unterschied zwischen Behälter und Inhalt, dann wird die Quelle der Weisheit offen vor euch liegen."

Uddalakas Lektion

Eine Geschichte aus den Upanischaden:
Der Weise Uddalaka lehrte seinen Sohn Svetaketu, das Eine hinter der Erscheinung des Vielen zu sehen. Er tat das mittels verschiedener Parabeln wie dieser:

Eines Tages sagte er zu seinem Sohn: „Tu dieses Salz in Wasser und komm morgen wieder zu mir zurück."

Der Junge tat wie ihm geheißen. Am nächsten Tag sagte sein Vater: „Bitte bring mir das Salz, das du gestern ins Wasser getan hast."

„Ich kann es nicht finden", sagte der Junge. „Es hat sich aufgelöst."

„Koste das Wasser von dieser Seite des Tellers", sagte Uddalaka. „Wie schmeckt es?"

„Salzig."

„Nimm einen Schluck aus der Mitte. Wie schmeckt es?"

„Salzig."

„Koste es von der anderen Seite des Tellers. Wie schmeckt es?"

„Salzig."

„Gieß das Wasser aus", sagte der Vater.

Der Junge tat es und sah, daß das Salz wieder zum Vorschein kam, als das Wasser verdunstet war. Dann sagte Uddalaka: „Du kannst Gott hier nicht erkennen, mein Sohn, aber in Wirklichkeit ist er hier."

Wer nach Erleuchtung sucht, wird sie nicht finden, denn es entgeht ihm, daß der Gegenstand seiner Suche der Suchende selbst ist. Gott ist wie Schönheit in dem Ich des Betrachters.

LIEBE

„Ich war überzeugt, du würdest kommen"

Mein Freund ist nicht vom Schlachtfeld zurückgekommen, Sir. Erbitte Erlaubnis, ihn zu suchen und hereinzuholen."

„Abgelehnt", sagte der Offizier, „ich möchte nicht, daß Sie Ihr Leben aufs Spiel setzen für einen Mann, der wahrscheinlich tot ist."

Der Soldat machte sich trotzdem auf die Suche und kam eine Stunde später tödlich verwundet zurück, in den Armen seinen toten Freund.

Der Offizier tobte. „Ich habe Ihnen gesagt, er sei tot. Nun habe ich Sie beide verloren. Was hat es nun gebracht, hinauszugehen, um eine Leiche zurückzubringen?"

Der sterbende Mann antwortete: „Es hat sich gelohnt, Sir. Als ich ihn fand, lebte er noch. Und er sagte zu mir: ‚Ich wußte, Jack, daß du kommen würdest.'"

Die Liebe der Familie

Einen Schüler verlangte es von ganzem Herzen, der Welt zu entsagen, aber er behauptete, seine Familie liebe ihn zu sehr, um ihn gehen zu lassen.

„Liebe?" sagte sein Guru. „Das ist durchaus keine Liebe. Hör zu ...", und er offenbarte dem Schüler ein Joga-Geheimnis, wie er seinen eigenen Tod simulieren könnte. Am nächsten Tag war der Mann allem äußeren Anschein nach tot, und das Haus hallte wider vom Weinen und Klagen seiner Familie.

Dann tauchte der Guru auf und sagte den trauernden Angehörigen, er habe die Macht, den Mann wieder zum Leben zu erwecken, wenn jemand an seiner Stelle sterben würde. Freiwillige vor!

Zum Erstaunen des „Leichnams" begann jedes Familienmitglied Gründe vorzubringen, warum gerade er am Leben bleiben müßte. Seine Frau faßte die Gefühle aller zusammen und sagte: „Es ist eigentlich wirklich nicht notwendig, daß jemand seinen Platz einnimmt. Wir werden auch ohne ihn fertig werden."

Zu allererst die Kinder

Drei Erwachsene frühstückten in der Küche, während die Kinder auf dem Fußboden spielten. Man unterhielt sich darüber, was jeder bei drohender Gefahr als erstes retten würde. Jeder sagte, natürlich zu allererst die Kinder.

Plötzlich platzte das Sicherheitsventil des Schnellkochtopfes, und durch die Explosion war der Raum bald voller Dampf. In Sekundenschnelle hatten alle die Küche verlassen, außer den Kindern, die auf dem Fußboden spielten.

Tränen beim Begräbnis

Beim Begräbnis eines sehr reichen Mannes sah man einen Fremden genau so laut klagen und weinen wie die anderen.

Der Priester, der die Trauerfeier hielt, ging zu ihm und fragte: „Sind Sie vielleicht ein Verwandter des Verstorbenen?"

„Nein."

„Warum weinen Sie dann?"

„Eben darum."

Aller Kummer – was immer der Anlaß sein mag – dreht sich um das Selbst.

Tränen um die brennende Fabrik

Als eine Fabrik herunterbrannte, stand der alte Besitzer des Gebäudes davor und weinte laut über den Verlust.

„Dad, warum weinst du?" fragte sein Sohn, „hast du vergessen, daß wir die Fabrik vor vier Tagen verkauft haben?"

Das brachte die Tränen des alten Mannes sofort zum Versiegen.

Wechselnder Geschmack

Eine Verkäuferin verkaufte einem jungen Mann eine leuchtend bunte Hose, und er schien von seinem Kauf sehr angetan zu sein.

Am nächsten Tag kam er wieder, um die Hose zurückzugeben. Seine Begründung: „Meiner Freundin gefällt sie nicht."

Eine Woche später kam er noch einmal wieder, über das ganze Gesicht lächelnd und wollte die Hose doch kaufen.

„Hat Ihre Freundin ihre Meinung geändert?" fragte die Verkäuferin.

„Nee", sagte der junge Bursche, „ich habe die Freundin gewechselt."

Wie es uns gefällt

Mutter: „Was gefällt deiner Freundin an dir?"

„Sie hält mich für gutaussehend, begabt, klug und für einen guten Tänzer."

„Und was gefällt dir an ihr?"

„Sie hält mich für gutaussehend, begabt, klug und für einen guten Tänzer."

Glückliche Tochter, unglücklicher Sohn

Zwei Freundinnen trafen sich nach vielen Jahren wieder.

„Erzähl mir", sagte die eine, „wie ist es deinem Sohn ergangen?"

„Mein Sohn, das ist ein armer Kerl", seufzte die andere. „Er ist eine unglückselige Heirat mit einem Mädchen eingegangen, die im Haus nicht einen Finger krummacht. Sie will nicht kochen, nicht nähen, auch nicht waschen oder putzen. Sie tut nichts als schlafen, faulenzen und lesen. Der arme Junge muß ihr sogar das Frühstück ans Bett bringen. Hält man so etwas für möglich?"

„Das ist wirklich schrecklich! Und wie geht es deiner Tochter?"

„Ach die, ja die hat Glück gehabt. Sie hat einen Engel geheiratet. Er will nicht, daß sie irgend etwas im Haus tut. Hausangestellte kochen und nähen, waschen und putzen. Und jeden Morgen bringt er ihr das Frühstück ans Bett, soll man das für möglich halten? Sie tut nichts weiter als schlafen, so lange sie will und verbringt den ganzen Tag damit, sich im Bett zu entspannen und zu lesen."

Sie will nur mich

„Glauben Sie, daß Sie meiner Tochter das geben können, was sie sich wünscht?" fragte ein Mann einen Freier.

„Bestimmt, Sir. Sie sagt, sie wünscht sich nur mich."

Niemand würde es Liebe nennen, wenn sie sich Geld wünschte. Warum ist es Liebe, wenn sie sich dich wünscht?

Die teure Uhr

Als Robert, ein vierzehnjähriger Junge, sich in seine gleichaltrige Nachbarin verliebte, verkaufte er alles, was er besaß und nahm auch Gelegenheitsjobs an, um genug Geld zu haben, seinem Schwarm die teure Uhr, die sie sich wünschte, kaufen zu können. Seine Eltern waren nicht sehr glücklich darüber, hielten es aber für das beste, nichts zu sagen.

Am Tag, als der Kauf vonstatten gehen sollte, kam Robert von seiner Einkaufsexpedition zurück, ohne sein Geld ausgegeben zu haben. Und er erklärte es so: „Ich ging mit ihr zum Juwelier, und dort sagte sie, sie wolle die Uhr nun doch nicht. Andere Dinge gefielen ihr besser, zum Beispiel ein Armband, eine Kette oder ein goldener Ring.

Während sie so im Laden umherging, um sich zu entscheiden, erinnerte ich mich an das, was uns unser Lehrer einmal gesagt hatte. Ehe wir uns etwas anschafften, sollten wir uns fragen, wozu wir es wollten. Da wurde mir klar, daß ich sie eigentlich doch nicht wollte, also verließ ich den Laden und ging fort."

Ein beschlossenes Requiem

Ein kleiner Junge war todunglücklich, als er seinen Liebling, eine Schildkröte, leblos und starr auf dem Rücken liegend, neben dem Teich fand.

Sein Vater bemühte sich, ihn zu trösten: „Weine nicht, mein Junge. Wir werden ein schönes Begräbnis für Frau Schildkröte veranstalten. Wir werden ihr einen kleinen Sarg machen, ihn mit Seide ausschlagen und einen Grabstein bestellen, auf den Frau Schildkrötes Namen graviert wird. Dann werden wir jeden Tag frische Blumen hinbringen und einen kleinen Palisadenzaun anlegen."

Der kleine Junge trocknete seine Tränen und begeisterte sich für diesen Plan. Als alles fertig war, formierte sich der Trauerzug – Vater, Mutter, Hausmädchen und Kind als Haupttrauernde – und begann sich feierlich zu dem Teich zu begeben, um den Leichnam einzuholen. Aber der war verschwunden.

Plötzlich erblickten sie Frau Schildkröte, wie sie aus der Tiefe des Teiches auftauchte und vergnügt hin und herpaddelte. Der kleine Junge starrte bitter enttäuscht auf seinen Freund und sagte: „Komm, dann bringen wir sie eben um."

Zu viel Weihrauch

Eine Nonne, auf der Suche nach Erleuchtung, machte sich eine hölzerne Buddhafigur und bekleidete sie mit feinem Blattgold. Es war eine sehr schöne Statue, die sie stets bei sich trug.

Jahre vergingen, und die Nonne, die immer noch ihre Statue bei sich hatte, ließ sich in der Nähe eines kleinen Tempels nieder, in dem viele Buddha-Statuen standen, von denen jede einen eigenen Altar hatte.

Sie begann, vor ihrem goldenen Buddha täglich Weihrauch zu verbrennen, entdeckte aber zu ihrer Bestürzung, daß etwas Rauch zu den benachbarten Altären abwanderte.

Also machte sie sich einen Trichter aus Papier, durch den der Rauch nur zu ihrem Buddha emporstieg. Dadurch wurde die Nase der goldenen Statue schwarz – und die Figur sehr häßlich.

Liebe mich, du Schuft!

König Friedrich Wilhelm von Preußen war dafür bekannt, ein aufbrausendes Temperament zu haben. Er pflegte unbegleitet in den Straßen Berlins zu promenieren, und wenn ihm irgend jemand mißfiel – was nicht allzu selten vorkam – zögerte er nicht, seinen Spazierstock an dem glücklosen Opfer auszuprobieren.

So verwundert es nicht, daß die Leute sich still davonmachten, wenn sie den König von weitem kommen sahen. Eines Tages kam Friedrich eine Straße heruntergestampft; ein Berliner entdeckte ihn zu spät, um sich noch in einer Toreinfahrt zu verstecken.

„Du da!" sagte Friedrich, „wohin gehst du?"

Der Mann begann zu zittern. „In dieses Haus hier, Euer Majestät."

„Ist das dein Haus?"

„Nein, Euer Majestät."

„Das Haus eines Freundes?"

„Nein, Euer Majestät."

„Warum gehst du dann hinein?"

Der Mann bekam nun Angst, man könnte ihn für einen Einbrecher halten. Also platzte er mit der Wahrheit heraus: „Um Eurer Majestät aus dem Wege zu gehen."

„Warum wolltest du mir aus dem Wege gehen?"

„Weil ich vor Euer Majestät Angst habe."

Bei diesen Worten wurde der König zornig. Er packte den armen Mann bei den Schultern, schüttelte ihn heftig und schrie: „Wie kannst du es wagen, Angst vor mir zu haben! Ich bin dein König. Du sollst mich lieben! Liebe mich, du Schuft! Liebe mich!"

Zusammengekettete Hunde

Nach einer heftigen Diskussion mit seiner Frau sagte ein Mann: „Warum können wir nicht friedlich zusammenleben, wie unsere beiden Hunde, die sich nie zanken?"

„Das stimmt", pflichtete seine Frau bei, „aber binde sie mal zusammen, dann wirst du sehen, was passiert."

Zuneigung auf die Probe gestellt

Eine arabische Prinzessin hatte es sich in den Kopf gesetzt, einen ihrer Sklaven zu heiraten. Der König konnte tun oder sagen, was er wollte, nichts konnte das Mädchen von ihrem Entschluß abbringen. Und auch die königlichen Ratgeber wußten keinen Rat.

Schließlich erschien am Hof ein alter Weiser. Als er von des Königs Dilemma hörte, sagte er: „Euer Majestät ist schlecht beraten, denn wenn Ihr dem Mädchen verbietet zu heiraten, wird sie es Euch nachtragen und sich nur noch mehr zu dem Sklaven hingezogen fühlen."

„Dann sagt mir, was ich tun soll", rief der König.

Der Weise machte einen Vorschlag. Der König war skeptisch, beschloß aber, einen Versuch zu machen. Er ließ die junge Frau zu sich kommen und sagte: „Ich werde deine Liebe zu diesem Mann auf die Probe stellen: dreißig Tage und Nächte wirst du mit deinem Liebsten in einer winzigen Zelle eingeschlossen werden. Wenn du ihn danach immer noch heiraten willst, werde ich einwilligen."

Die Prinzessin war außer sich vor Freude, umarmte ihren Vater und willigte begeistert ein, sich dieser Probe zu unterziehen. Ein paar Tage ging alles gut, aber nur zu bald breitete sich Langeweile aus. Nach einer Woche begann sie sich nach anderer Gesellschaft zu sehnen, und alles, was ihr Liebster tat oder sagte, trieb sie zur Verzweiflung. Nach zwei Wochen hatte sie den Mann so satt, daß sie anfing zu schreien und mit den Fäusten an die Zellentür zu hämmern. Als sie schließlich herausgelassen wurde, umarmte sie ihren Vater stürmisch voller Dankbarkeit, daß er sie vor dem Mann gerettet hatte, den sie nun verabscheute.

Getrennt leben erleichtert das Zusammenleben.
ohne Distanz – keine Beziehung.

Sie könnten fliehen

Einer Lehrerin fiel ein kleiner Junge in ihrer Klasse auf, der nachdenklich und in sich gekehrt dasaß.

„Was hast du für Kummer?" fragte sie.

„Um meine Eltern", erwiderte er. „Mein Vater arbeitet den ganzen Tag, um mich zu kleiden und zu ernähren und in die beste Schule der Stadt zu schicken. Und er macht Überstunden, damit ich das College besuchen kann. Meine Mutter kocht und putzt, bügelt und kauft ein, so daß ich mich um nichts zu kümmern brauche."

„Warum machst du dir dann Kummer?"

„Ich habe Angst, sie könnten versuchen, davonzulaufen."

Dankbar

Eine Lehrerin in einer Sonntagsschule sagte den Kindern, sie würde jetzt ihre Namen an die Tafel schreiben und dahinter die Sache, für die das betreffende Kind am dankbarsten war.

Ein kleiner Junge überlegte angestrengt, als sein Name an die Tafel geschrieben wurde. Als er gefragt wurde, was hinter seinen Namen gesetzt werden sollte, sagte er schließlich: „Mutter."

Also schrieb die Lehrerin das hin. Sie begann den nächsten Namen anzuschreiben, als sich der Junge ungestüm meldete.

„Ja?" fragte die Lehrerin.

„Bitte, streichen Sie MUTTER", sagte der kleine Junge, „und schreiben Sie stattdessen HUND."

Wenn die Revolution kommt

Um einen Redner an der Straßenecke hatte sich eine kleine Menschenmenge versammelt. „Wenn die Revolution kommt", sagte er, „werden alle in großen schwarzen Limousinen herumfahren. Wenn die Revolution kommt, wird jedermann ein Telefon in der Küche haben. Wenn die Revolution kommt, wird jeder ein Stück Land sein eigen nennen."

Eine Stimme aus der Menge protestierte: „Ich möchte keine große schwarze Limousine haben, auch kein Stück Land oder ein Telefon in der Küche."

„Wenn die Revolution kommt", sagte der Redner, „wirst du verdammt noch mal tun, was dir gesagt wird!"

Schaff dir die Menschen vom Hals, wenn die Welt perfekt sein soll!

Der Gotteslästerer

Eines Tages lud Abraham einen Bettler zum Essen in sein Zelt ein. Als das Tischgebet gesprochen wurde, begann der Mann Gott zu verfluchen und erklärte, er könne nicht ertragen, Seinen Namen zu hören.

Empört warf Abraham den Gotteslästerer hinaus.

Als er zur Nacht betete, sagte Gott zu ihm: „Dieser

Mann hat mich fünfzig Jahre verflucht und geschmäht, und ich habe ihm jeden Tag zu essen gegeben. Konntest du dich nicht wenigstens während einer einzigen Mahlzeit mit ihm abfinden?"

Vergessene Sünden

Von einer alten Frau im Dorf sagte man, sie habe Gotteserscheinungen. Der Pfarrer verlangte Beweise ihrer Echtheit. „Wenn Euch Gott das nächste Mal erscheint", sagte er, „dann bittet ihn, er möge Euch meine Sünden nennen, die nur Er allein kennt ... Das wäre Beweis genug."

Die Frau kam einen Monat später zu ihm und der Priester fragte, ob ihr Gott wieder erschienen sei. Sie sagte, ja. „Habt Ihr ihm die Frage unterbreitet?"

„Ja, das habe ich."

„Und was sagte Er?"

„Er sagte: ‚sag dem Pfarrer, ich habe seine Sünden vergessen.'"

Könnte es sein, daß jedermann die schrecklichen Dinge, die du getan hast, vergessen hat, außer dir selbst?

Sich bedienen lassen

Einige der Ältesten waren einmal in Scete versammelt, und Abt Johann der Zwerg war bei ihnen.

Während des Essens stand ein sehr alter Priester auf und machte Anstalten, sie zu bedienen. Aber keiner der Anwesenden wollte zulassen, daß er ihnen auch nur ein Glas Wasser brachte, außer Johann der Zwerg.

Die anderen zeigten sich davon schockiert und sagten

später zu ihm: „Wie konntet Ihr Euch würdig erachten, von diesem heiligen Mann einen Dienst anzunehmen?"

Er erwiderte: „Wenn ich irgend jemand ein Glas Wasser anbiete, freue ich mich, wenn es angenommen wird. Sollte ich den Alten kränken, indem ich ihm die Freude vorenthielt, mir etwas zu geben?"

Ein Geschenk für die Mutter

Als ein achtjähriges Mädchen das Taschengeld dafür verwandte, ihrer Mutter ein Geschenk zu kaufen, war diese sehr dankbar und glücklich, denn im allgemeinen hat eine Mutter und Hausfrau viel Arbeit und wenig Anerkennung.

Das Mädchen schien das verstanden zu haben, denn sie sagte: „Dafür, daß du so schwer arbeitest, Mutter, und keiner es richtig würdigt."

Die Frau sagte: „Dein Vater arbeitet auch schwer."

Sagte das Mädchen: „Ja, aber er macht nicht so viel Aufhebens davon."

Jeremias und der Amboß

Jeremias liebte eine sehr große Frau. Jeden Abend begleitete er sie von der Arbeit nach Hause, und jeden Abend hätte er sie gerne geküßt, war aber zu schüchtern, sie zu fragen.

Eines Abends nahm er seinen Mut zusammen. „Darf ich dich küssen?" Sie war einverstanden. Aber Jeremias war außergewöhnlich klein, so schauten sie sich nach etwas um, auf das er sich stellen konnte. Sie fanden eine verlassene Schmiede mit einem Amboß, der Jeremias gerade die richtige Größe verschaffte.

Nach ungefähr einer Meile sagte Jeremias wieder: „Könnte ich vielleicht noch einen Kuß haben, Liebling?"

„Nein", sagte die Frau, „einen habe ich dir schon gegeben, das reicht für heute abend."

Jeremias sagte: „Warum hast du mich dann diesen verdammten Amboß mitschleppen lassen?"

Liebe trägt Lasten und spürt sie nicht!

Omahs List

Ein Kalif von Bagdad mit Namen Al-Mamun besaß ein schönes arabisches Pferd. Ein Stammesgenosse, namens Omah, hätte das Pferd gerne gekauft und bot viele Kamele zum Tausch, aber Al-Mamun wollte sich nicht von dem Tier trennen. Darüber ärgerte sich Omah so, daß er beschloß, das Pferd mit List in seinen Besitz zu bringen.

Er wußte, daß Al-Mamun eine bestimmte Straße mit diesem Pferd entlangreiten würde. Also hockte er sich als armer, kranker Bettler verkleidet an den Straßenrand. Al-Mamun war ein gutherziger Mann, und als er den Bettler erblickte, hatte er Mitleid mit ihm, stieg ab und bot an, ihn in einen Sarai zu bringen.

„Oh weh", rief der Bettler, „ich habe tagelang nichts gegessen und nicht die Kraft, aufzustehen." Also hob Al-Mamun den Mann freundlich auf sein Pferd, um hinter ihm aufzusitzen. Sobald jedoch der verkleidete Bettler im Sattel saß, galoppierte er davon, und Al-Mamun lief zu Fuß hinterher und rief ihm zu, anzuhalten. Nachdem Omah zwischen sich und seinen Verfolger einen sicheren Abstand eingelegt hatte, hielt er an und drehte sich um.

„Du hast mein Pferd gestohlen", schrie Al-Mamun, „ich möchte dich etwas bitten."

„Was ist es?" schrie Omah zurück.

„Daß du niemand erzählst, wie du in den Besitz dieses Pferdes kamst."

„Warum nicht?"

„Vielleicht wird eines Tages ein wirklich kranker Mann am Straßenrand liegen, und wenn deine List bekannt wird, werden alle vorbeigehen und niemand wird ihm helfen."

Bäume pflanzen

Die Zeit der Monsunregen stand bevor, und ein sehr alter Mann grub in seinem Garten tiefe Löcher.

„Was tut Ihr?" fragte ein Nachbar.

„Ich pflanze Mango-Bäume", lautete die Antwort.

„Wollt Ihr etwa noch Früchte von diesen Bäumen essen?"

„Nein, so lange werde ich nicht mehr leben. Aber andere werden dasein. Mir fiel neulich ein, daß ich mein Leben lang Mangos gegessen habe, die von anderen Leuten gepflanzt wurden. Auf diese Weise möchte ich ihnen meine Dankbarkeit zeigen."

Der Stein auf der Straße

Eines Tages stand Diogenes an einer Straßenecke und lachte wie ein Verrückter.

„Worüber lacht Ihr?" fragte ein Vorübergehender.

„Seht Ihr jenen Stein in der Mitte der Straße. Seit heute morgen stehe ich hier, zehn Leute sind bereits darüber gestolpert und haben ihn verflucht. Aber nicht einer machte sich die Mühe, ihn wegzuräumen, damit andere nicht mehr stolperten."

Wie man Tag und Nacht unterscheidet

Ein Guru fragte seine Schüler, wie sie das Ende der Nacht vom Beginn des Tages unterscheiden könnten.

Einer sagte: „Wenn man in der Entfernung ein Tier sieht und erkennt, ob es eine Kuh oder ein Pferd ist."

„Nein", sagte der Guru.

„Wenn man in der Entfernung einen Baum sieht und erkennt, ob es ein Paternosterbaum oder ein Mango ist."

„Wieder falsch", sagte der Guru.

„Also, wie dann?" fragten die Schüler.

„Wenn man in das Gesicht eines Mannes blickt, und darin seinen Bruder erkennt; wenn man in das Gesicht einer Frau blickt und in ihr seine Schwester erkennt. Wer dazu nicht fähig ist, für den ist – wo immer die Sonne auch stehen mag – Nacht."

Das Vorurteil von Charles Lamb

Ein Freund besuchte den berühmten Essayisten Charles Lamb. „Ich möchte Euch Herrn Soundso vorstellen", sagte er.

„Nein, danke", erwiderte Lamb, „ich mag den Mann nicht."

„Aber Ihr kennt ihn ja gar nicht!"

„Ich weiß. Darum mag ich ihn ja auch nicht", sagte Lamb.

„In bezug auf Menschen kenne ich mich aus und weiß, wen ich mag."
„Sie wollen sagen, Sie mögen, was Sie kennen."

Der heimliche Dienst

Die Gemeinde wunderte sich, daß ihr Rabbi jede Woche am Vorabend des Sabbat verschwand. Sie hatten ihn in Verdacht, sich heimlich mit dem Allmächtigen zu treffen und beauftragten daher einen aus ihrer Mitte, ihm zu folgen.

Und das sah der Mann: der Rabbi zog sich wie ein Bauer an und versorgte eine gelähmte, nichtjüdische Frau in ihrer Behausung, indem er putzte und ein Festtagsessen für sie vorbereitete.

Als der Spion zurückkam, fragte die Gemeinde: „Wohin ist der Rabbi gegangen? Fuhr er gen Himmel?"

„Nein", erwiderte der Mann, „er stieg noch höher."

Gandhis Tischtuch

Als Earl Mountbatten, der letzte Vizekönig Indiens, ankündigte, sein Neffe, Prinz Philip, habe sich mit Prinzessin Elizabeth verlobt, sagte Mahatma Gandhi zu ihm: „Es freut mich sehr, daß Ihr Neffe die künftige Königin heiraten wird. Ich würde ihnen gerne ein Hochzeitsgeschenk machen, aber was kann ich ihnen geben? Ich besitze nichts."

„Sie haben Ihr Spinnrad", sagte der Vizekönig, „Sie könnten etwas für sie spinnen."

Gandhi fertigte ein Tischtuch an, das Mountbatten mit folgender Bemerkung an die Prinzessin schickte: „Das solltest Du zusammen mit den Kronjuwelen aufheben."

... denn ein Mann hat es gesponnen, der sagte: „Die Engländer müssen als Freunde gehen."

Ich bin Falschgeld

Es war einmal ein alter Sufi, der seinen Lebensunterhalt mit dem Verkauf von allerlei Krimskrams verdiente. Er schien nicht sehr kritisch zu sein, denn die Käufer bezahlten häufig mit Falschgeld, das er widerspruchslos akzeptierte, oder sie behaupteten, schon bezahlt zu haben, und auch wenn es nicht stimmte, protestierte er nicht.

Als seine letzte Stunde nahte, hob er die Augen zum Himmel und sagte: „Oh Allah, ich habe von den Menschen so manches Falschgeld angenommen, habe sie aber in meinem Herzen nicht verurteilt. Ich habe einfach vorausgesetzt, sie wüßten nicht, was sie täten. Auch ich bin Falschgeld, bitte verurteile mich nicht."

Und man hörte eine Stimme, die sagte: „Wie sollte jemand gerichtet werden, der andere nicht gerichtet hat?"

Liebevoll handeln ist leichter als liebevoll denken.

Sie hat keine Familie

Die Familie war um den Eßtisch versammelt. Der älteste Sohn kündigte an, er werde das Mädchen von gegenüber heiraten.

„Aber ihre Familie hat ihr nicht einen Pfennig hinterlassen", sagte der Vater mißbilligend.

„Und sie selbst hat nicht einen Pfennig gespart", ergänzte die Mutter.

„Sie versteht nichts vom Fußball", sagte Junior.

„Ich habe noch nie ein Mädchen mit solch komischer Frisur gesehen", sagte die Schwester.

„Sie tut nichts als Romane lesen", sagte der Onkel.

„Und sie zieht sich geschmacklos an", sagte die Tante.

„Aber sie spart nicht an Puder und Schminke", sagte die Großmutter.

„Alles richtig", sagte der Sohn, „aber sie hat verglichen mit uns einen großen Vorteil." – „Und der wäre?" wollten alle wissen.

„Sie hat keine Familie."

Die gestohlene Bibel

Abt Anastasius besaß ein Buch aus sehr kostbarem Pergament, das zwanzig Pence wert war. Es enthielt das Alte und das Neue Testament und zwar vollständig. Eines Tages besuchte ihn ein Mönch, der, als er das Buch sah, sich damit aus dem Staube machte. Als also Anastasius an diesem Tag die Schrift lesen wollte, fand er das Buch nicht mehr vor und wußte sofort, daß es der Mönch genommen hatte. Aber er ließ ihn nicht zurückholen aus Angst, dieser könnte außer der Sünde des Diebstahls auch noch die Sünde des Meineids begehen.

Der Mönch begab sich in die Stadt, um das Buch zu verkaufen. Er verlangte achtzehn Pence dafür. Der Käufer sagte: „Gib mir das Buch, ich möchte feststellen, ob es wirklich soviel wert ist." Er ging mit dem Buch zu dem heiligen Anastasius und sagte: „Vater, seht Euch dieses Buch an und sagt mir, ob es wirklich achtzehn Pence wert ist." Anastasius sagte: „Ja, es ist ein schönes Buch, und für achtzehn Pence macht Ihr ein gutes Geschäft."

Also ging der Käufer zurück zu dem Mönch und sagte: „Hier ist Euer Geld. Ich habe das Buch Vater Anastasius gezeigt, und er sagte, es sei achtzehn Pence wert."

Der Mönch war fassungslos. „Mehr hat er nicht gesagt? War das alles, was er dazu gesagt hat?"

„Nein, er sagte kein Wort weiter."

„Ich habe meinen Entschluß geändert und möchte das Buch nun doch nicht verkaufen."

Dann ging er zurück zu Anastasius und bat ihn unter Tränen, das Buch zurückzunehmen, aber Anastasius sagte gütig: „Nein, Bruder, behalte es. Ich schenke es dir." Aber der Mönch erwiderte: „Wenn Ihr es nicht zurücknehmt, habe ich keinen Frieden."

Daraufhin blieb der Mönch für den Rest seines Lebens bei Anastasius.

Der Meister schlägt Jitoku

Jitoku war ein ausgezeichneter Dichter und hatte sich entschlossen, Zen zu studieren. Er bemühte sich um eine Verabredung mit dem Meister Ekkei in Kyoto. Voll Erwartung ging er zu ihm, aber sobald er eingetreten war, erhielt er einen harten Schlag. Er war schockiert und fühlte sich gedemütigt. Noch nie hatte jemand gewagt, ihn zu schlagen. Aber da es eine strenge Zen-Regel war, nie etwas zu sagen oder zu tun, wenn der Meister nicht dazu aufforderte, ging er ruhig hinaus. Er ging hinüber zu der Behausung von Dokuon, des wichtigsten Schülers von Ekkei, erzählte ihm die Geschichte und sprach von seiner Absicht, den Meister im Duell zu fordern.

„Aber der Meister war freundlich zu dir", sagte Dokuon, „beginn Zazen zu studieren und zu praktizieren, dann wirst du das selbst herausfinden."

Genau das tat Jitoku. Drei Tage und drei Nächte lang bemühte er sich so intensiv, daß er eine ekstatische Erleuchtung erreichte, die weit über das hinausging, was er sich vorgestellt hatte. Dieses Satori wurde von Ekkei gebilligt.

Noch einmal suchte Jitoku Dokuon auf, dankte ihm für seinen Rat und sagte: „Nur Eurer Vernunft verdanke ich diese umwerfende Erfahrung. Und was den Meister angeht, sehe ich nun ein, daß sein Schlag nicht hart genug war."

Meister Musos Geduld

Muso, einer der berühmtesten Meister seiner Zeit, war unterwegs in der Gesellschaft eines Schülers. Sie kamen an einen Fluß und bestiegen eine Fähre. Gerade als sie ablegen wollten, kam ein betrunkener Samurei angerannt und sprang in das überladene Boot und brachte es beinahe zum Kentern. Dann torkelte er wild herum und gefährdete das nicht sehr robuste Schiff, so daß der Bootsführer ihn bat, sich ruhig zu verhalten.

„Wir sind hier wie in einem Schafstall zusammengepfercht", sagte der Samurai heiser. Plötzlich sah er Muso und schrie: „Hier! Laßt uns den heiligen Mann über Bord werfen!"

„Habt bitte Geduld", sagte Muso, „wir werden bald drüben sein."

„Was? Ich soll Geduld haben?" brüllte der Samurai, „hört, wenn Ihr nicht springt, werfe ich Euch glatt über Bord."

Des Meisters ruhige Haltung angesichts dieser Drohungen machten den Samurai so wütend, daß er zu Muso hinging und ihn so in das Gesicht schlug, daß es blutete. Nun hatte der Schüler genug. Er war ein kräftiger Mann und sagte: „Jetzt soll er sterben, nachdem er das getan hat."

„Warum sich über eine solche Kleinigkeit aufregen?" sagte Muso lächelnd. „Gerade solche Vorkommnisse stellen uns auf die Probe. Erinnere dich, daß Geduld mehr ist als nur ein Wort." Dann verfaßte er ein kleines Gedicht:

„Schläger und Geschlagene
sind nur Spieler eines Stückes,
das so schnell vorbeigeht wie ein Traum."

Verschlungene Glieder

Sieben närrische Männer waren zu einem Fest in ein Nachbardorf eingeladen. Sie waren mehr als leicht angeheitert, als sie nachts nach Hause torkelten. Da begann es zu regnen.

Also ließen sie sich unter einem großen Feigenbaum nieder, um dort die Nacht zu verbringen.

Als sie am folgenden Morgen erwachten, hoben sie ein großes Wehklagen an. „Was ist passiert?" fragte ein Vorübergehender.

„Letzte Nacht kauerten wir uns unter diesen Baum und schliefen ein", sagte einer der närrischen Männer. „Beim Aufwachen, heute morgen, stellten wir fest, daß unsere Glieder ineinander verschlungen sind, und wir können die Eigentümer nicht mehr unterscheiden."

„Dem ist leicht abzuhelfen", sagte der Reisende, „gebt mir eine Nadel." Er stach die Nadel kräftig in das erstbeste Bein. „Autsch", schrie einer der Männer. „Na, also", sagte der Reisende zu dem Mann, „dieses Bein gehört Ihnen." Dann piekste er einen Arm, „Autsch", schrie ein anderer und identifizierte sich somit als Besitzer des Armes. Und so ging es weiter, bis die Glieder entwirrt waren, und die närrischen Männer vergnügt in ihr Dorf zurückkehrten, wobei sie noch nicht einmal durch Schaden klüger geworden waren.

Wenn dein Herz instinktiv auf anderer Menschen Freuden und Leiden antwortet, weißt du, daß du dein Selbst verloren und dein Eins-Sein mit dem Menschengeschlecht erfahren hast. Dann endlich ist Liebe eingekehrt.

ERLEUCHTUNG

Der Steinmetz

Es war einmal ein Steinmetz. Jeden Tag ging er in die Berge, um Steine zu schneiden. Und während der Arbeit sang er, denn obwohl er arm war, wollte er nicht mehr haben, als er besaß, und darum hatte er keine Sorgen.

Eines Tages beauftragte man ihn mit Arbeiten an der Villa eines reichen Mannes. Als er die Pracht dieses Hauses sah, überkam ihn zum ersten Mal in seinem Leben quälende Begierde, und er sagte seufzend: „Wenn ich doch reich wäre! Dann brauchte ich nicht wie bisher meinen Lebensunterhalt mit Schweiß und Mühsal zu verdienen."

Doch groß war sein Erstaunen, als er eine Stimme vernahm: „Dein Wunsch ist erfüllt worden. Von jetzt an wirst du alles bekommen, was du dir wünschst." Er wußte nicht, was er von diesen Worten halten sollte, bis er abends zu seiner Hütte zurückkehrte und an deren Stelle eine genau so prächtige Villa fand, wie die, an der er gearbeitet hatte. Also gab der Steinmetz seine Arbeit auf und begann das Leben der Reichen zu genießen.

Eines Tages, an einem heißen und feuchten Nachmittag, als er zufällig aus dem Fenster blickte, sah er den König vorbeireiten mit einem großen Gefolge von Edelleuten und Sklaven. Er dachte: „Ich wünschte, selbst König zu sein und in der kühlen königlichen Kutsche zu sitzen." Sein Wunsch wurde sofort erfüllt, und er fand sich wieder zurückgelehnt in den Polstern einer königlichen Kutsche. Aber in dieser Kutsche war es wärmer, als er es sich vorgestellt hatte. Er sah aus dem Fenster und begann über die Kraft der Sonne zu staunen, deren Hitze sogar die dicken Wände des Wagens durchdringen konnte. „Ich wünschte, ich wäre die Sonne", sagte er sich. Wieder wurde sein Wunsch erfüllt, und er konnte jetzt Hitzewellen ins All schicken.

Eine Zeitlang ging alles gut. Dann kam ein Regentag, und er versuchte vergeblich, eine dicke Wolkenbank zu durchdringen. Also ließ er sich in eine Wolke verwandeln und berauschte sich an seiner Macht, die Sonne fernhalten zu können. Aber dann wurde er zu Regen und stieß zu seinem Ärger auf seinem Weg zur Erde auf einen mächtigen Felsen, der ihn zu einem Umweg zwang.

„Was?" rief er, „ein elender Felsen ist mächtiger als ich? Gut, dann möchte ich ein Felsen sein." Da stand er nun hoch aufgerichtet an einem Berghang. Er hatte jedoch kaum Zeit, sich seiner schönen Form zu erfreuen, als er seltsame splitternde Geräusche hörte, die von unten zu ihm hinaufdrangen. Er blickte an sich herab und sah zu seiner Bestürzung ein winziges menschliches Wesen, das damit beschäftigt war, Stücke von ihm abzuschlagen.

„Was?" schrie er, „so ein klägliches Geschöpf soll stärker sein als ein stattlicher Fels, wie ich einer bin? Ich möchte ein Mensch sein!" Also wurde er wieder ein Steinmetz, der in die Berge ging, um Steine zu schneiden und seinen Lebensunterhalt in Schweiß und Mühsal zu verdienen, aber mit einem Lied auf den Lippen, weil er zufrieden war mit dem, was er war und besaß.

Nichts ist so begehrenswert, wie es zu sein scheint, so lange wir es noch nicht haben.

Wen interessiert es?

Jeden Monat sandte der Schüler getreulich seinem Meister einen Bericht über seinen Fortschritt auf dem Weg der Erleuchtung.

Im ersten Monat schrieb er: „Ich fühle eine Erweiterung des Bewußtseins und erfahre mein Einssein mit dem Universum." Der Meister überflog die Nachricht und warf sie weg.

Im folgenden Monat hatte er folgendes zu sagen: „Ich habe endlich entdeckt, daß das Göttliche in allen Dingen gegenwärtig ist." Der Meister schien enttäuscht.

In seinem dritten Brief erklärte der Schüler begeistert: „Das Geheimnis des Einen und der Vielen ist meinem staunenden Blick enthüllt worden." Der Meister gähnte.

In seinem nächsten Brief hieß es: „Niemand wird geboren, niemand lebt und niemand stirbt, denn das Ich ist nicht." Der Meister rang verzweifelt die Hände.

Danach verging ein Monat, dann zwei, dann fünf; dann ein ganzes Jahr. Der Meister fand es an der Zeit, seinen Schüler an die Pflicht zu erinnern, ihn über seinen geistlichen Fortschritt zu informieren. Der Schüler schrieb zurück: „Wen interessiert das?" Als der Meister diese Worte las, schien er zufrieden. Er sagte: „Gott sei Dank, endlich hat er begriffen."

Sogar die Sehnsucht nach Freiheit ist eine Fessel.
Niemand ist wirklich frei,
der sich um seine Freiheit sorgt.
Nur die Zufriedenen sind frei.

Wie die Schuhe erfunden wurden

Ein großer und törichter König beklagte sich, daß der unebene Boden seinen Füßen Schmerz bereite, also befahl er, das ganze Land mit Kuhhäuten auszulegen.

Der Hofnarr lachte, als der König ihm von seinem Befehl erzählte. „Was für eine total verrückte Idee, Euer Majestät!", rief er, „warum diese unnütze Ausgabe? Laßt Euch einfach zwei kleine Flecken Kuhhaut zurecht schneiden, um Eure Füße zu schützen!"

Das tat der König, und damit waren die Schuhe erfunden.

Erleuchtete wissen, nicht die Welt muß verändert werden, um den Schmerz zu verbannen, sondern dein Herz.

Meister Shoju und die Wölfe

Im Dorf wurden in der Nähe von Meister Shojus Tempel Wölfe gesichtet. Daher ging Shoju eine Woche lang jede Nacht auf den Dorffriedhof und ließ sich dort zur Meditation nieder. Damit wurden die nächtlichen Angriffe der Wölfe beendet.

Die Dorfbewohner waren begeistert. Sie baten, ihnen die geheimen Riten zu offenbaren, die er vorgenommen hatte, damit sie in Zukunft das gleiche tun könnten.

Sagte Shoju: „Es bedurfte keiner geheimen Riten. Während ich in Meditation saß, versammelte sich eine Anzahl Wölfe um mich. Sie leckten meine Nasenspitze und schnupperten an meiner Kehle. Aber weil ich in rechter innerer Ruhe verharrte, wurde ich nicht gebissen."

Der Sklave im Sturm

Ein Maharadscha befand sich auf hoher See, als ein schwerer Sturm losbrach. Einer der Sklaven an Bord begann vor Angst zu schreien und zu jammern, denn er war noch nie zuvor auf einem Schiff gewesen. Er schrie so laut und ausdauernd, daß die Passagiere ärgerlich wurden, und der Maharadscha den Mann ins Meer werfen wollte.

Aber sein Hauptratgeber war ein Weiser. Er sagte: „Nein. Laßt mich mit dem Mann verhandeln. Ich denke, ich kann ihn kurieren."

Er befahl einem Matrosen, den Mann ins Wasser zu

werfen. Der arme Sklave begann in den hohen Wellen zu schreien und wild um sich zu schlagen. Einige Sekunden später ließ der Weise ihn wieder an Bord hieven.

Wieder im Trockenen lag der Sklave in einer Ecke und gab keinen Laut mehr von sich. Als der Maharadscha seinen Ratgeber nach dem Grund fragte, antwortete dieser: „Wir merken erst, wie gut es uns geht, wenn sich die Lage verschlechtert."

Das Glück des geretteten Mannes

Während des Zweiten Weltkrieges trieb ein Mann einundzwanzig Tage auf einem Floß im Meer, ehe er gerettet wurde.

Auf die Frage, ob er aus dieser Erfahrung etwas gelernt habe, antwortete er: „Ja. Wenn ich nur immer reichlich zu essen und genug zu trinken habe, werde ich für den Rest meines Lebens wunschlos glücklich sein."

Ein alter Mann sagte, er hätte sich nur einmal im Leben beklagt, als er barfuß war und kein Geld hatte, Schuhe zu kaufen. Dann habe er einen glücklichen Mann gesehen, der keine Füße hatte. Und er habe nie wieder geklagt.

Das Pendel

Der Uhrmacher war gerade dabei, das Pendel einer Uhr zu befestigen, als dieses zu seinem Erstaunen zu sprechen begann.

„Bitte, Sir, lassen Sie mich in Ruhe", bat das Pendel, „Sie täten mir einen großen Gefallen. Bedenken Sie, wie oft ich Tag und Nacht werde ticken müssen. So oft in jeder Minute, sechzig Minuten in der Stunde, vierundzwanzig Stunden am Tag, dreihundertfünfundsechzig Tage im

Jahr. Und das Jahr um Jahr ... millionenmal ticken. Das schaffe ich nicht."

Aber der Uhrmacher erwiderte weise: „Denke nicht an die Zukunft. Ticke einfach ein um das andere Mal, und du wirst jedes Tick-Tack für den Rest deines Lebens genießen."

Und genau das beschloß das Pendel zu tun. Und so tickt es fröhlich weiter und weiter.

Hier und jetzt leben, macht den Augenblick erträglich. Unerträglich wird er, wenn der Geist dem Körper um Stunden voraus eilt, sich schon in San Francisco befindet, wenn der Körper noch in Bombay ist.

Die köstliche Erdbeere

Dieses Gleichnis erzählte Buddha seinen Schülern:

Ein Mann traf auf einem Feld einen Tiger. Dieser griff ihn an, und der Mann lief davon. Auf der Flucht kam er an einen Abgrund, stolperte und begann, hinunter zu rutschen. Er streckte die Hand aus und bekam einen kleinen Erdbeerbaum zu fassen, der an dem Steilhang wuchs.

Dort hing er einige Minuten zwischen dem hungrigen Tiger und dem gähnenden Abgrund, wo er wohl bald den Tod finden würde.

Plötzlich erspähte er eine saftige Beere an dem Erdbeerbaum. Er hielt sich mit einer Hand an dem Strauch fest, pflückte mit der anderen die Erdbeere und steckte sie in den Mund. Noch nie im Leben hatte ihm eine Erdbeere so süß geschmeckt!

Das Wissen um den Tod gibt dem Leben des Erleuchteten Süße.

Gute Aussicht

Ein ängstlicher Tourist fürchtete, zu nahe an den Klippenrand zu kommen. „Was soll ich machen, wenn ich hinunterfalle?" fragte er den Führer.

Der sagte voller Begeisterung: „In diesem Falle, Sir, sollten Sie unbedingt nach rechts blicken. Die Aussicht wird Ihnen gefallen."

Natürlich nur, wenn auch Sie erleuchtet sind!

Keine Zeit zu verlieren

Das Wartezimmer des Arztes war gedrängt voll. Ein älterer Herr stand auf und ging zur Sprechstundenhilfe.

„Entschuldigen Sie", sagte er höflich, „ich war um 10 Uhr bestellt, und jetzt ist es fast elf. Ich kann nicht mehr länger warten. Würden Sie mir bitte einen Termin an einem anderen Tag geben?"

Eine der Wartenden beugte sich zu einer anderen Frau und sagte: „Er ist doch mindestens achtzig Jahre alt. Was mag er wohl so dringend vorhaben, daß er nicht länger warten kann?"

Der Herr hörte die geflüsterte Bemerkung. Er wandte sich der Dame zu, verbeugte sich und sagte: „Ich bin siebenundachtzig Jahre alt. Und genau deswegen kann ich mir nicht leisten, auch nur eine Minute der kostbaren Zeit, die ich noch habe, zu vergeuden."

Die Erleuchteten verschwenden nicht eine Minute, denn sie wissen um die relative Unwichtigkeit allen Tuns.

Sokrates und das lyrische Gedicht

Sokrates war im Gefängnis und wartete auf die Vollstreckung seines Urteils. Eines Tages hörte er, wie ein Mitgefangener ein schwieriges lyrisches Lied des Dichters Stesichoros sang.

Sokrates bat den Mann, ihn dieses Gedicht zu lehren.

„Warum?" fragte der Sänger.

„Daß ich in dem Bewußtsein sterben kann, noch etwas dazu gelernt zu haben", lautete die Antwort des großen Mannes.

Schüler: Warum sollte man eine Woche vor dem Tod noch etwas Neues lernen?
Meister: Aus dem gleichen Grund, aus dem du fünfzig Jahre vor deinem Tod etwas Neues lernen würdest.

Der Leibwächter, der die Angst überwand

Tajima no Kami war der Fechtmeister des Schogun. Eines Tages kam einer der Leibwächter des Schogun zu ihm und bat, ihn in der Kunst des Fechtens zu unterweisen.

„Ich habe dich sehr genau beobachtet", sagte Tajima no Kami, „du scheinst mir selbst ein Meister dieser Kunst zu sein. Ehe ich dich als Schüler annehme, möchte ich wissen, bei welchem Meister du gelernt hast."

Der Leibwächter erwiderte: „Niemand hat mich je diese Kunst gelehrt."

„Mich kannst du nicht täuschen", sagte der Lehrer, „ich habe ein kritisches Auge, das mich nicht trügt."

„Ich möchte Euer Exzellenz nicht widersprechen", sagte der Leibwächter, „aber ich verstehe wirklich nichts vom Fechten."

Der Lehrer focht einige Minuten mit dem Mann, hielt dann inne und sagte: „Da du gesagt hast, du hättest die Kunst nie gelernt, glaube ich dir. Aber du bist so etwas wie ein Meister. Erzähl mir von dir."

„Da ist eine Sache", erwiderte der Leibwächter. „Als Kind sagte mir ein Samurai, ein Mann dürfe nie den Tod fürchten. Ich rang also mit dem Problem des Todes, bis es mir keine Angst mehr verursachte."

„Genau das ist es", rief Tajima no Kami. „Das letzte Geheimnis der Fechtkunst besteht darin, frei von Todesangst zu sein. Du brauchst keinen Unterricht. Du bist selbst ein Meister."

Die Nicht-Erleuchteten sind stets ängstlich, wie der Mann im Fluß, der nicht schwimmen kann. Er bekommt Angst, also geht er unter. Er kämpft, um oben zu bleiben, also sinkt er noch tiefer. Wenn er die Angst abschüttelte und sich treiben ließe, käme sein Körper von selbst wieder an die Oberfläche.

Es war einmal ein Mann, der fiel während eines Anfalls in einen Fluß. Als er später wieder zu sich kam, war er erstaunt, daß er am Ufer lag. Der Anfall, der ihn ins Wasser geworfen hatte, rettete sein Leben, weil er ihm die Angst vor dem Ertrinken genommen hatte ... das ist Erleuchtung.

Der Zauberer und der Drachen

In China gab es einst einen riesigen Drachen, der von Dorf zu Dorf kroch und wahllos Vieh, Hunde, Küken und Kinder tötete. Also wandten sich die Dorfbewohner an einen Zauberer, der ihnen in der Not helfen sollte. Der Zauberer sagte: „Ich kann den Drachen nicht selbst erschlagen, denn obwohl ich ein Hexenmeister bin, habe ich doch zu große Angst. Aber ich werde den Mann für euch finden, der es tun wird."

Bei diesen Worten verwandelte er sich in einen Drachen und legte sich auf einer Brücke auf die Lauer, so daß jeder, der nicht wußte, daß es der Zauberer war, Angst hatte, vorbei zu gehen. Eines Tages kam jedoch ein Reisender zu der Brücke, stieg ruhig über den Drachen hinweg und ging weiter.

Der Zauberer nahm sofort wieder menschliche Gestalt an und rief dem Mann zu: „Komm zurück, mein Freund. Wochenlang habe ich hier auf dich gewartet."

Erleuchtete wissen, Angst liegt nie in den Dingen selbst, sondern darin, wie man sie betrachtet.

Der Derwisch und der König

Ein König traf einen Derwisch und sagte, wie im Osten üblich, wenn ein König einen Untertan trifft: „Erbitte eine Gunst."

Der Derwisch erwiderte: „Es wäre ungehörig, von einem meiner Sklaven eine Gunst zu erbitten."

„Wie kannst du wagen, so respektlos mit dem König zu sprechen", sagte ein Gefolgsmann. „Erkläre dich näher, oder du mußt sterben."

Der Derwisch sagte: „Ich habe einen Sklaven, der deines Königs Meister ist."

„Wer?"

„Angst", sagte der Derwisch.

Mit dem Körper vergeht das Leben. Aber es ist eine irrige Folgerung, leben hieße, den Körper lebendig halten.

Dorthin gelangen, wo die Kugel des Mörders Leben nicht auslöscht; aber eine Verlängerung auch das Dasein nicht steigert.

Diogenes auf dem Sklavenmarkt

Als der griechische Philosoph Diogenes gefangen wurde und auf dem Sklavenmarkt verkauft werden sollte, wird erzählt, er sei auf die Plattform des Auktionators gestiegen und habe laut gerufen: „Ein Meister soll hier verkauft werden. Gibt es unter euch vielleicht einen Sklaven, der ihn kaufen möchte?"

Es ist unmöglich, Erleuchtete zu Sklaven zu machen, denn sie sind genau so glücklich in der Sklaverei wie in der Freiheit.

Der Tod wartet in Samarra

Ein Kaufmann in Bagdad schickte seinen Diener mit einem Auftrag zum Basar. Der Mann kam blaß und zitternd vor Angst zurück.

„Herr", sagte er, „auf dem Markt traf ich einen Fremden. Als ich ihm ins Gesicht blickte, sah ich, daß es der Tod war. Er wies mit einer drohenden Gebärde auf mich und ging davon. Nun habe ich Angst. Bitte gebt mir ein Pferd, daß ich sofort nach Samarra reiten kann, um mich möglichst weit vom Tod zu entfernen."

Der Kaufmann war besorgt um den Mann und gab ihm sein schnellstes Roß. Der Diener saß auf und war im Handumdrehen verschwunden.

Später ging der Kaufmann selbst auf den Basar und sah den Tod in der Menge herumlungern. Er ging zu ihm hin und sagte: „Du hast heute morgen vor meinem armen Diener eine drohende Gebärde gemacht. Was sollte das bedeuten?"

„Das war keine drohende Gebärde, Sir", sagte der Tod.

„Es war nur ein erstauntes Zusammenfahren, weil ich ihn hier in Bagdad traf."

„Warum sollte er nicht in Bagdad sein? Hier wohnt er doch."

„Nun, mir hatte man zu verstehen gegeben, daß ich ihn heute abend in Samarra treffen würde."

Die meisten Menschen haben solche Angst zu sterben, daß sie ganz darauf gerichtet sind, den Tod zu vermeiden und dabei nie richtig leben.

Der Asket und der Elefant

Es war einmal ein König in Indien, dessen Elefant lief Amok. Er stampfte von Dorf zu Dorf und zerstörte alles, was ihm in den Weg kam, und niemand wagte sich an ihn heran, weil er dem König gehörte.

Eines Tages wollte ein Asket, der sich gerne wichtig machte, das Dorf verlassen, aber die Bewohner baten ihn zu bleiben, weil der Elefant auf der Straße gesichtet worden war und die Passanten angriff.

Der Mann freute sich jedoch über die Gelegenheit, seine höhere Weisheit demonstrieren zu können, denn er hatte gerade bei seinem Guru gelernt, in allem und jedem Rama zu sehen. „Ach, ihr armen, unwissenden Narren!", sagte er, „ihr habt ja keine Ahnung von geistlichen Dingen. Hat man euch nie gelehrt, in jedermann und jedem Ding Rama zu sehen, und daß alle, die das tun, den Schutz Ramas genießen werden? Laßt mich gehen. Ich habe keine Angst vor dem Elefanten."

Die Leute hielten den Mann für genau so einsichtig wie den verrückten Elefanten. Sie wußten, es war nutzlos, mit einem heiligen Mann zu streiten, also ließen sie ihn gehen. Er hatte kaum die Straße erreicht, als der Elefant auf ihn losstürzte, ihn mit seinem Rüssel ergriff und gegen einen Baum schleuderte. Der Mann begann vor Schmerz zu brüllen. Zu seinem Glück erschien sofort die königliche Wache und fing den Elefanten ein, ehe er den verblendeten Asketen töten konnte.

Erst viele Monate später fühlte sich der Mann wieder so wohl, daß er von neuem reisen konnte. Er begab sich stracks zu seinem Guru und sagte: „Ihr habt mich etwas Falsches gelehrt. Ihr sagtet mir, ich solle alles als von Rama durchdrungen betrachten. Genau das tat ich, und nun seht, was geschah?“

Sagte der Guru: „Wie töricht du bist! Warum sahst du nicht Rama in den Dorfbewohnern, die dich vor dem Elefanten gewarnt haben?“

Die kandierten Tiere

Es war einmal ein Zuckerbäcker, der Süßwaren in Form von Tieren und Vögeln in verschiedenen Farben und Größen herstellte. Wenn er seine Süßigkeiten an Kinder verkaufte, pflegten diese sich mit folgenden Worten zu streiten: „Mein Kaninchen ist besser als dein Tiger. ... Mein Eichhörnchen ist vielleicht kleiner als dein Elefant, aber es schmeckt besser ...“

Und der Zuckerbäcker mußte immer bei dem Gedanken lachen, daß Erwachsene genauso einfältig wie Kinder glaubten, ein Mensch sei besser als der andere.

Erleuchtung weiß, daß unsere Kultur und unsere Erziehung uns unterscheiden, nicht unsere Natur.

Die Weißen oder die Schwarzen?

Ein Schäfer weidete seine Schafe, als ihn ein Spaziergänger ansprach. „Sie haben aber eine schöne Schafherde. Darf ich Sie etwas in bezug auf die Schafe fragen?" – „Natürlich", sagte der Schäfer. Sagte der Mann: „Wie weit laufen Ihre Schafe ungefähr am Tag?" – „Welche, die weißen oder die schwarzen?" – „Die weißen." – „Die weißen laufen ungefähr vier Meilen täglich." – „Und die schwarzen?" – „Die schwarzen genausoviel."

„Und wieviel Gras fressen sie täglich?" – „Welche, die weißen oder die schwarzen?" – „Die weißen." – „Die weißen fressen ungefähr vier Pfund Gras täglich." – „Und die schwarzen?" „Die schwarzen auch." – „Und wieviel Wolle geben sie ungefähr jedes Jahr?" – „Welche, die weißen oder die schwarzen?" „Die weißen." – „Nun ja, ich würde sagen, die weißen geben jedes Jahr ungefähr sechs Pfund Wolle zur Schurzeit." – „Und die schwarzen?" – „Die schwarzen genausoviel."

Der Spaziergänger war erstaunt. „Darf ich Sie fragen, warum Sie die eigenartige Gewohnheit haben, Ihre Schafe bei jeder Frage in schwarze und weiße aufzuteilen?" – „Das ist doch ganz natürlich", erwiderte der Schäfer, „die weißen gehören mir, müssen Sie wissen." – „Ach so! Und die schwarzen?" – „Die schwarzen auch", sagte der Schäfer.

Der menschliche Verstand schafft törichte Kategorien, wo Liebe nur eine sieht.

Die Besonderheit der Knochen

Plutarch erzählt die Geschichte von Alexander dem Großen, der zu Diogenes kommt, als dieser gerade aufmerksam einen Haufen menschlicher Knochen betrachtet.

„Was sucht Ihr?“ fragte Alexander.

„Etwas, das ich nicht finden kann“, sagte der Philosoph.

„Und was ist das?“

„Den Unterschied zwischen den Knochen Eures Vaters und denen seiner Sklaven..“

Auch diese Knochen sind nicht zu unterscheiden:
Katholische von protestantischen,
Hinduknochen von muslimischen,
arabische von israelischen,
russische von amerikanischen Knochen.
Erleuchtete sehen keinen Unterschied,
selbst bei Knochen, die noch prall mit Fleisch bedeckt sind!

Der Wille Ramas

In einem kleinen indischen Dorf lebte ein Weber, eine wirklich fromme Seele. Den ganzen Tag pflegte er den Namen Gottes vor sich hin zu sprechen, und die Leute hatten unbedingtes Vertrauen zu ihm. Wenn er eine ausreichende Menge Tuch gewoben hatte, ging er auf den Markt, um sie zu verkaufen. Fragte jemand nach dem Preis für ein Stück Stoff, antwortete er stets: „Es ist der Wille Ramas, daß der Preis für das Garn 35 Cents beträgt, die Arbeit bringt 10 Cents, der Verdienst, so will es Rama, ist vier Cents. Also kostet dieses Stück Stoff nach Ramas Willen, 49 Cents.“ Die Leute hatten ein solches Vertrauen zu dem Mann, daß sie nie mit ihm handelten; sie bezahlten den verlangten Preis und nahmen die Ware entgegen.

Der Weber hatte die Gewohnheit, nachts in den Dorftempel zu gehen, Gott zu loben und seinen Namen zu preisen. Eines Nachts stürmte während seines Gesanges eine Räuberbande in den Tempel. Sie suchten jemand, um die von ihnen gestohlenen Waren wegzutragen und sagten zu ihm: „Komm mit uns!" Der Weber ging lammfromm mit ihnen und trug die Pakete auf dem Kopf. Da begann die Polizei Jagd auf sie zu machen, und die Räuber rannten davon; der Weber wollte auch davonlaufen, aber da er schon älter war, holten ihn die Polizisten bald ein, und weil sie die gestohlenen Waren bei ihm fanden, verhafteten sie ihn und warfen ihn ins Gefängnis.

Am folgenden Tag wurde er dem Richter vorgeführt und des Diebstahls beschuldigt. Als ihn der Richter fragte, was er zu seinen Gunsten anzuführen hätte, sagte er folgendes: „Euer Ehren, nach Ramas Willen beendete ich letzte Nacht mein Abendessen und ging, so wollte es Rama, in den Tempel, um dort sein Lob zu singen. Da stürmte plötzlich, nach Ramas Willen, eine Räuberbande herein und forderte mich, nach Ramas Willen auf, die Waren für sie zu tragen. Sie häuften eine solche Last auf meinen Kopf, daß es nicht schwer war, mich einzuholen, als nach dem Willen Ramas die Polizei die Verfolgung aufnahm. Dann wurde ich nach dem Willen Ramas verhaftet und ins Gefängnis geworfen. Und so stehe ich heute morgen, nach dem Willen Ramas vor Euch."

Der Richter sagte zu dem Polizisten: „Laßt den Mann frei, er ist wie man sieht nicht ganz zurechnungsfähig."

Als der Weber wieder zu Hause war und man ihn fragte, was geschehen war, sagte der fromme Mann: „Nach dem Willen Ramas wurde ich verhaftet und vor Gericht verhört. Und nach dem Willen Ramas wurde ich freigesprochen."

Der Polizist und der Rabbi

Es war einmal ein Rabbi, der in einem Dorf in der russischen Steppe lebte. Zwanzig Jahre lang ging er jeden Morgen über den Dorfplatz, um in der Synagoge zu beten und jeden Morgen wurde er scharf von einem Polizisten beobachtet, der die Juden haßte.

Eines Morgens ging der Polizist schließlich auf den Rabbi zu und wollte wissen, wohin er gehe.

„Ich weiß es nicht", sagte der Rabbi.

„Was soll das heißen, Ihr wißt es nicht? In den letzten zwanzig Jahren habe ich Euch quer über den Platz zur Synagoge gehen sehen, und nun sagt Ihr, Ihr wüßtet es nicht. Ich werde Euch eine Lektion erteilen."

Mit diesen Worten ergriff er den alten Mann am Bart und zerrte ihn ins Gefängnis. Als er den Schlüssel der Gefängniszelle umdrehte, blickte ihn der Rabbi verschmitzt an und sagte: „Seht Ihr jetzt, was ich meinte, als ich sagte, ich wüßte es nicht?"

Sich wohlfühlen

Eine alte Nonne, die das neue Ordenskleid ausprobiert hatte, besprach mit ihrer Oberin ihr Begräbnis.

„Ich möchte gerne im alten Habit beerdigt werden", sagte sie.

„Natürlich", erwiderte die Oberin, „wenn du dich darin wohler fühlst."

Wenn das Ich nicht mehr existiert, ist man tot und als Leichnam zufrieden in jeder Aufmachung.

Wer sich durchaus ertränken will, wird schließlich nicht unbedingt auf trockener Kleidung bestehen, um gemütlicher unterzugehen.

Der Schatz in der Küche

Eine chassidische Geschichte:
Eines Nachts wurde dem Rabbi Isaak im Traum gesagt, er solle in das weit entfernte Prag reisen und dort unter der Brücke, die zum Königspalast führt, nach einem verborgenen Schatz graben. Er nahm den Traum nicht ernst, aber als er ihn fünf bis sechsmal hintereinander träumte, entschloß er sich, die Suche nach dem Schatz aufzunehmen.

Als er zu der Brücke kam, fand er sie zu seinem Entsetzen Tag und Nacht schwer bewacht von Soldaten. Er konnte lediglich aus der Entfernung auf die Brücke starren. Aber da er sich jeden Morgen dort einstellte, trat der Hauptmann der Wache eines Tages zu ihm und fragte nach dem Grund. Rabbi Isaak war zwar verlegen, daß er einer fremden Seele seinen Traum erzählen sollte, aber da ihm der gutmütige Christ sympathisch war, offenbarte er sich ihm. Der Hauptmann brüllte vor Lachen und sagte:

„Großer Gott! Ihr seid ein Rabbi und Ihr nehmt Träume ernst? Wenn ich so dumm wäre, um mich nach meinen Träumen zu richten, würde ich heute in Polen herumwandern. Ich will Euch einen erzählen, den ich letzte Nacht hatte und der häufig wiederkehrt: eine Stimme sagte mir, ich solle nach Krakau gehen und in der Küchenecke eines gewissen Isaak, Sohn des Ezechiel, nach einem Schatz graben! Wäre es nicht die dümmste Sache der Welt, in Krakau nach einem Mann namens Isaak zu suchen, und nach einem anderen, der Ezechiel heißt, wenn dort die Hälfte der männlichen Bevölkerung den einen Namen trägt und die andere Hälfte den anderen?"

Der Rabbi war starr vor Staunen. Er dankte dem Hauptmann für seinen Rat, eilte nach Hause, grub ein Loch in seiner Küche und fand dort einen so großen Schatz, daß er bis zu seinem Tode ein sorgenfreies Leben führen konnte.

Die geistliche Suche ist eine Reise,
die keine Entfernung überwindet.
Man reist von dort, wo man sich gerade befindet,
dahin, wo man schon immer war.
Von Unwissenheit zur Erkenntnis,
denn man sieht jetzt zum ersten Mal,
was man schon immer vor Augen hatte.

Wer hörte je von einem Pfad,
der dich zu dir selber führt,
oder einer Schule
die dich so formt,
wie du schon immer warst?
Spiritualität bedeutet schließlich nur,
das zu werden, was du wirklich bist.

Alligatorzähne gegen Perlen

Eine Touristin aus dem Westen bewunderte die Halskette eines Eingeborenen. „Woraus besteht sie?" fragte sie.

„Aus Alligatorzähnen, Madam", sagte der Eingeborene.

„Ach so, ich nehme an, die sind für euch genauso wertvoll wie für uns Perlen."

„Nicht ganz, jeder kann eine Auster öffnen."

Erleuchteten gilt der Diamant als ein bloßer Stein, bis menschlicher Geist ihm einen Wert verleiht.
Und für sie sind die Dinge so groß oder so klein, wie ihr Verstand willens ist, sie zu sehen.

Ein großer Tag

Ein junger Amerikaner kam als Büroangestellter ins Weiße Haus und nahm an einem Empfang teil, den der Präsident allen Angestellten des Weißen Hauses gegeben hatte. Er dachte, seine Mutter würde es aufregend finden, aus dem Weißen Haus angerufen zu werden, also ließ er durch die Vermittlung eine Verbindung herstellen.

„Mutter", sagte er stolz, „heute ist ein großer Tag für mich. Weißt du, woher ich anrufe? Aus dem Weißen Haus."

Die Antwort vom anderen Ende war nicht ganz so aufgeregt, wie er es erwartet hatte. Schließlich sagte seine Mutter: „Es war auch ein großer Tag für mich, mein Junge."

„Wirklich? Was ist passiert?"

„Ich habe es endlich geschafft, die Mansarde auszuräumen."

Schon wieder Käsebrote!

Nicht-Erleuchtete erkennen nicht, daß sie selbst die Ursache all ihrer Sorgen sind.

In der Fabrik war Mittagspause, und ein Arbeiter öffnete trübselig sein Lunchpaket. „Ach nein", sagte er laut, „schon wieder Käsebrote."

So ging es zwei-, drei-, viermal hintereinander. Dann sagte ein Kollege, der das Gebrumme des Mannes gehört hatte: „Wenn du Käsebrote so sehr haßt, warum sagst du dann nicht deiner Frau, sie solle dir andere Schnitten machen?"

„Weil ich nicht verheiratet bin. Ich mache mir diese Brote selbst."

Ich fürchte, du willst mich küssen!

Hans und Maria gingen spät am Abend zusammen auf der Straße.

„Ich habe schreckliche Angst, Hans", sagte Maria.

„Und wovor hast du Angst?"

„Ich habe Angst, du würdest mich küssen."

„Und wie könnte ich dich küssen, wenn ich doch in jeder Hand einen Eimer trage und unter jedem Arm eine Henne?"

„Ich hatte Angst, du könntest eine Henne unter je einen Eimer stecken und mich dann küssen."

Öfter als du denkst, tun dir die Menschen das an, wozu du sie herausgefordert hast.

Das Rikscha-Rennen

Einige Soldaten in Nordindien waren in einer Rikscha unterwegs nach Hause, als sie vor sich eine andere Rikscha sahen, in der Matrosen saßen.

In wenigen Minuten machte sich die Rivalität zwischen den beiden Waffengattungen in einem Rennen Luft, in dem der Führer der Soldaten-Rikscha sich schon bald an die Spitze setzte.

Sie lehnten sich gerade bequem zurück, um ihren Sieg zu genießen, als ihre Gegner zu ihrem Erstaunen vorbeigeschossen kamen. Noch erstaunter waren sie zu sehen, daß nun der Rikscha-Führer als Passagier mitfuhr und einen Matrosen, der von ihm die Führung übernommen hatte, kräftig anfeuerte.

Erleuchtete sind lieber zufrieden als siegreich.

Revolverhelden

Zwei Revolverhelden wollten sich in einem Duell messen. In der Wirtschaft machte man einen Platz für sie frei. Einer von ihnen war ein unscheinbarer, winzig kleiner Mann, aber ein professioneller Kämpfer. Der andere war ein untersetzter kräftiger Bursche, der protestierte: „Moment mal! Das ist unfair. Er hat ein größeres Ziel vor sich."

Der kleine Kerl hatte schnell einen Vorschlag parat. Er sagte zu dem Gastwirt: „Nimm Kreide und male die Umrisse eines Mannes meiner Größe auf den Körper meines Gegners. Jede Kugel, die außerhalb dieser Figur trifft, zählt nicht."

Für Erleuchtete gilt leben mehr als gewinnen.

Wie man eine Wette gewinnt

Nichterleuchtete würden ihre Seelen verkaufen,
um zu beweisen, daß sie recht haben!

„Ehe ich abends fortgehe, wette ich mit meiner Frau um zehn Dollar, daß ich bis Mitternacht zurück bin."

„Und dann?"

„Dann lasse ich sie gewinnen."

Was die Nachbarn denken

Ein untrügliches Zeichen der Erleuchtung:
Was Mitmenschen denken oder sagen, ist einem völlig gleichgültig.

Ein Möbelfabrikant schickte einem seiner Kunden folgenden Brief:

„Lieber Mr. Jones,
was würden Ihre Nachbarn denken, wenn wir einen Möbelwagen zu Ihrem Haus schickten, um die Möbel, die Sie noch nicht bezahlt haben, wieder abzuholen?"
Er bekam folgende Antwort:

„Dear Sir,
ich habe die Angelegenheit mit meinen Nachbarn besprochen, um zu erfahren, was sie denken würden. Alle hielten es für einen ganz gemeinen Trick einer schäbigen, fiesen Gesellschaft."

Tödliche Mandelentzündung

Ein Mann hatte schon in jungen Jahren beschlossen, sich nur mit dem Allerbesten zufrieden zu geben. Diese Entscheidung half ihm, sehr erfolgreich und reich zu werden, so daß er nun die Mittel hatte, stets das Allerbeste zu verwenden.

Nun geschah es, daß er ernsthaft an einer Mandelentzüngung erkrankte, die ohne weiteres von jedem qualifizierten Chirurgen hätte behandelt werden können. Aber da er so von seiner eigenen Bedeutung überzeugt und von seiner fixen Idee getrieben war, nur mit dem Besten zufrieden zu sein, das die Medizin zu bieten hatte, begann er von einer Stadt in die andere zu reisen, von einem Land ins andere auf der Suche nach dem besten Mann für den Job.

Jedesmal wenn ihm ein besonders kompetenter Chirurg empfohlen wurde, überkam ihn die Furcht, daß es vielleicht irgendwo noch einen kompetenteren gäbe.

Eines Tages verschlechterte sich sein Befinden so sehr und sein Hals wurde so entzündet, daß sofort eine Operation durchgeführt werden mußte, weil sein Leben in Gefahr war. Aber der Mann befand sich schon halb im Koma und zwar in einem gottverlassenen Nest, in dem die einzige Person, die schon einmal ein Messer bei einer lebendigen Kreatur angesetzt hatte, der Dorfmetzger war.

Es war ein bemerkenswert guter Metzger, und er machte sich entschlossen an die Arbeit, aber als er an die Mandeln kam, wußte er nicht genau, was er mit ihnen machen sollte, und während er sich Rat holte bei Leuten, die genau so wenig wußten wie er, verblutete der arme Patient, für den nichts als das Beste gut genug war.

Der gefangene Löwe

Ein Löwe geriet in Gefangenschaft und wurde in ein Lager gebracht, wo er zu seinem Erstaunen noch andere Löwen antraf, die schon jahrelang dort waren, einige sogar ihr ganzes Leben, denn sie waren dort geboren. Er lernte bald die sozialen Betätigungen der Lagerlöwen kennen. Sie schlossen sich in Gruppen zusammen. Eine Gruppe bestand aus den Gesellschaftslöwen; eine andere ging ins Showgeschäft; wieder eine andere betätigte sich kulturell, um die Bräuche, die Traditionen und die Geschichte jener Zeiten zu bewahren, als die Löwen in Freiheit lebten. Andere Gruppen waren religiös – sie kamen zusammen, um zu Herzen gehende Lieder zu singen von einem künftigen Dschungel ohne Zäune. Einige Gruppen fanden Zulauf von denen, die sich von Natur aus für Literatur und Kunst interessierten; wieder andere waren revolutionär gesonnen, sie trafen sich, um sich gegen ihre Wärter zu verschwören oder gegen andere revolutionäre Gruppen Pläne zu schmieden. Ab und zu brach eine Revolution aus, die eine oder andere Gruppe wurde ausgelöscht, oder alle Wärter wurden umgebracht und durch andere ersetzt.

Als sich der Neuankömmling umsah, bemerkte er einen Löwen, der stets tief in Gedanken versunken schien, ein Einzelgänger, der keiner Gruppe angehörte und sich meistens von allen fernhielt. Es war etwas Seltsames um ihn, das sowohl die Bewunderung der anderen hervorrief, aber auch ihre Feindseligkeit, denn seine Gegenwart erzeugte Angst und Selbstzweifel. Er sagte zu dem Neuankömmling: „Schließ dich keiner Gruppe an. Diese armen Narren kümmern sich um alles, bloß nicht um das Wesentliche."

„Und was ist das?" fragt der Neuankömmling.

„Über die Art des Zaunes nachzudenken."

Nichts, aber auch gar nichts anderes ist wichtig!

Laß mich heraus

Nichts beschreibt besser die menschliche Natur als die Geschichte des armen Betrunkenen, der spät nachts außerhalb eines Parkes am Zaun rüttelt und schreit: „Laßt mich raus!"

Nur deine Illusionen hindern dich an der Erkenntnis, daß du frei bist – und es immer warst.

Der Fluß in der Wüste

Um frei zu werden, braucht man als Wesentliches: Widrigkeiten, die den Prozeß der Einsicht fördern.

Ein in der Wüste verirrter Reisender war verzweifelt, weil er glaubte, er würde nie mehr Wasser finden. Er quälte sich von einem Hügel zum anderen in der Hoffnung, von oben irgendwo eine Quelle zu entdecken. Nach allen Richtungen hielt er Ausschau, ohne Erfolg.

Als er weitertaumelte, verhakte sich sein Fuß in einem trockenen Strauch, und er fiel hin. Dort blieb er liegen, ohne Energie, sich wieder zu erheben oder den Willen, weiter zu kämpfen und ohne Hoffnung, diese Tortur zu überleben.

Als er dort lag, hilflos und niedergeschlagen, wurde ihm plötzlich die Stille der Wüste bewußt. Überall herrschte eine majestätische Ruhe, die von keinem Laut gestört wurde. Plötzlich hob er den Kopf. Er hatte etwas gehört. Ein so schwaches Geräusch, das nur das schärfste Ohr in der tiefsten Stille es wahrnehmen konnte: das Geräusch fließenden Wassers.

Ermutigt von der Hoffnung, die dieser Laut in ihm auslöste, erhob er sich und hielt sich auf den Beinen, bis er zu einem Bach voll frischen kühlen Wassers kam.

König Janaka und Ashtavakra

Es gibt keine andere Welt außer dieser.
Aber es gibt zwei Möglichkeiten, sie zu betrachten.

Im alten Indien lebte ein König namens Janaka, der auch ein Weiser war. Eines Tages ruhte er sich auf seinem blumenbestreuten Bett aus, umgeben von seinen Dienern, die ihm Kühlung zufächelten, und Soldaten, die vor der Tür Wache hielten. Als er einschlief, hatte er einen Traum. Er träumte, ein benachbarter König besiegte ihn in einer Schlacht, nahm ihn gefangen und ließ ihn foltern. Als die Folterung begann, schreckte Janaka aus dem Schlaf auf und fand sich wieder auf seinem blumenbesäten Bett mit seinen Dienern, die ihm zufächelten und Soldaten, die ihn bewachten.

Noch einmal schlief er ein und hatte den gleichen Traum. Und wieder erwachte er, um sich sicher und behaglich in seinem Palast wiederzufinden.

Ein Gedanke ließ Janaka nun nicht mehr los: während er schlief, war ihm die Welt seiner Träume durchaus real erschienen. Nun, da er wach war, schien ihm die Welt der Sinne real zu sein. Welche der beiden Welten ist die wirkliche, begehrte er zu wissen.

Keiner der Philosophen, Gelehrten und Seher, die er befragte, konnte ihm eine Antwort geben. Und viele Jahre lang suchte er vergebens, bis eines Tages ein Mann, namens Ashtavakra an das Tor des Palastes klopfte. Das Wort Ashtavakra bedeutet deformiert und verkrümmt, und der Mann hatte diesen Namen bekommen, weil er als ein solcher Krüppel geboren worden war.

Zunächst war der König nicht geneigt, ihn ernst zu nehmen. „Wie kann ein so verwachsener Mensch wie du Überbringer einer Weisheit sein, die meinen Sehern und Gelehrten nicht gegeben ist?" fragte er.

„Von Kindheit an sind mir alle Wege verschlossen gewesen, also verfolgte ich leidenschaftlich den Pfad der Weisheit", lautete Ashtavakras Antwort.

„Also sprich", sagte der König.

Und das ist, was Ashtavakra sagte: „Oh, König, weder der Zustand des Wachens noch der des Traumes ist wirklich. Wenn Ihr wach seid, existiert die Welt der Träume nicht, und wenn ihr träumt, gibt es die Welt der Sinne nicht. Daher ist keine von beiden wirklich."

„Wenn sowohl Wachen wie Träumen unwirklich sind, was ist dann wirklich?" fragte der König.

„Es gibt einen Zustand jenseits dieser beiden. Entdecke ihn, er allein ist wirklich."

Die Nicht-Erleuchteten glauben, sie seien wach und halten in ihrer Torheit einige Leute für gut und andere für schlecht, und bezeichnen einige Ereignisse als freudig und andere als traurig.

Die Erweckten sind nicht länger abhängig von Leben oder Tod, Gedeih und Verderb, Erfolg oder Fehlschlag, Armut oder Reichtum, Ehre oder Schande. Sogar Hunger, Durst, Hitze und Kälte werden als flüchtig im Fluß des Lebens erfahren und bergen keinen Stachel mehr. Sie haben erkannt, daß es unnötig ist zu ändern, was sie sehen, außer der Art und Weise, wie sie es sehen.

Und so nehmen sie allmählich das Wesen des Wassers an, sanft und geschmeidig und doch unwiderstehlich in seiner Gewalt; das selbst nach nichts strebt und doch allen Wesen wohltut. Durch ihr selbstloses Handeln, werden andere verwandelt; durch ihr Loslassen, blüht die ganze Welt auf; weil sie wunschlos sind, werden andere nicht beschädigt.

Wasser wird dem Fluß entnommen, um Felder zu bewässern. Das Wasser selbst kümmert es nicht, ob es im Fluß oder auf den Feldern ist. So handeln und leben die Erleuchteten, sanft und mächtig im Einklang mit ihrem Schicksal.

Sie sind es, die zu geschworenen Feinden der Gesellschaft werden, denn diese haßt lebendige Geschmeidigkeit, sie strebt nach Drill, Ordnung, Routine, nach Orthodoxie und Konformität.

Tote Männer sprechen nicht

Mamiya wurde ein bekannter Zen-Meister. Aber er mußte Zen über den schweren Weg lernen. Als er noch Schüler war, forderte ihn sein Meister auf, den Laut des Einhandklatschens zu erklären.

Mamiya widmete sich voll dieser Aufgabe, schränkte Essen und Schlafen ein, um die richtige Antwort zu finden. Aber sein Meister war nie zufrieden. Eines Tages sagte er sogar zu ihm: „Du arbeitest nicht hart genug. Du liebst viel zu sehr die Bequemlichkeit; du hängst zu sehr an den angenehmen Dingen des Lebens, ja, du bist sogar zu erpicht darauf, die Antwort so schnell wie möglich zu finden. Es wäre besser, du würdest sterben."

Als Mamiya das nächste Mal vor den Meister trat, tat er etwas ganz Dramatisches. Auf die Frage, wie er den Laut des Einhandklatschens erkläre, fiel er zu Boden und blieb liegen, als sei er tot.

Sagte der Meister: „Gut, du bist also tot. Aber was ist mit dem Laut des Einhandklatschens?"

Mamiya öffnete die Augen und erwiderte: „Das konnte ich noch nicht herausfinden."

Daraufhin rief der Meister wütend: „Narr! Tote Männer sprechen nicht. Raus mit dir!"

Vielleicht bist du nicht erleuchtet,
aber du könntest wenigstens konsequent sein!

Anands Erleuchtung

Anand war Buddhas ergebenster Schüler. Jahre nach Buddhas Tod wurde eine große Zusammenkunft der Erleuchteten geplant, und einer der Schüler ging zu Anand, um ihm davon zu berichten.

Zu dieser Zeit war aber Anand selbst noch nicht erleuchtet, obgleich er jahrelang unermüdlich daran gearbeitet hatte. Also war er nicht berechtigt, an der Versammlung teilzunehmen.

Am Abend vor der Zusammenkunft war er immer noch nicht erleuchtet, so beschloß er, die ganze Nacht eifrig zu üben, und nicht aufzuhören, bis er sein Ziel erreicht hatte. Aber er erreichte damit nur, daß er völlig erschöpft war. Trotz all seiner Mühen hatte er nicht den geringsten Fortschritt gemacht.

Gegen Morgen entschloß er sich, aufzugeben und etwas zu ruhen. In diesem Zustand, in dem er alles Verlangen, sogar nach Erleuchtung, verloren hatte, legte er den Kopf auf ein Kissen. Und plötzlich wurde er erleuchtet!

Sagte der Fluß zu dem Suchenden:
„Muß man sich wirklich wegen Erleuchtung ereifern?
Gleichgültig, wohin ich mich wende,
bin ich unterwegs nach Hause."

Warum der Schäfer jedes Wetter liebt

Ein Wanderer: „Wie wird das Wetter heute?"
Der Schäfer: „So, wie ich es gerne habe."

„Woher wißt Ihr, daß das Wetter so sein wird, wie Ihr es liebt?"

„Ich habe die Erfahrung gemacht, mein Freund, daß ich nicht immer das bekommen kann, was ich gerne möchte. Also habe ich gelernt, immer das zu mögen, was ich bekomme. Deshalb bin ich ganz sicher: das Wetter wird heute so sein, wie ich es mag."

Was immer geschieht,
an uns liegt es,
Glück oder Unglück darin zu sehen.

Die Kunst, zu leben

Anthony de Mello
Wie ein Fisch im Wasser
Anleitung zum Glücklichsein
Band 4459
Kurze Meditationen über die bedingungslose, reine Liebe, die auch loslassen kann und zu der jeder fähig ist.

Anthony de Mello
Eine Minute Unsinn
Weisheitsgeschichten
Band 4379
Die Leichtigkeit des Seins ist es, in die de Mellos geschliffene Skizzen einladen.

Anthony de Mello
Zeiten des Glücks
Herausgegeben von Anton Lichtenauer
Band 4330
Das Glück ist nicht zu „machen", aber Glücklich-Sein kann man üben. Heitere, leichte und zugleich tiefe Texte eines großen spirituellen Lehrers

Anthony de Mello
Wer bringt das Pferd zum Fliegen?
Weisheitsgeschichten
Band 4304
Humorvolle, pointierte Geschichten und Aphorismen über große Lebensthemen. Ein Lesevergnügen mit Tiefgang.

Anthony de Mello
Warum der Vogel singt
Weisheitsgeschichten
Band 4149
Wie in einem Brennglas konzentriert: westliche und östliche, antike und moderne Lebenserfahrungen aus mehr als zwei Jahrtausenden.

Idries Shah
Lebe das wirkliche Glück
Das große Lesebuch der Sufi-Weisheit
Band 4505
Die Kunst, glücklich zu sein – wunderbare, verblüffende Weisheitstexte. Ausgezeichnet als UNESCO-Buch des Jahres.

Idries Shah
Das Geheimnis der Derwische
Sufigeschichten
Band 4377
Ein Leben lang auf der Suche nach der letzten Wahrheit. Die tiefsten und schönsten Erzählungen der geheimnisvollen Meister aus dem Orient.

Thich Nhat Hanh
Die Sonne, mein Herz
Wie Glück entsteht
Band 4520
Wer achtsam ist auf die Gegenwart des Lebens in uns, kommt mit dem wahren Glück in Berührung.

Thich Nhat Hanh
Zeiten der Achtsamkeit
Mit einer Einleitung hrsg. von Judith Bossert und Adelheid Meutes-Wilsing
Band 4492,
In der Übung der Achtsamkeit liegt der Weg zum Wesentlichen, zur Welt unseres eigenen Lebens. Die schönsten Texte zum 70. Geburtstag des bedeutenden Meditationsmeisters.

Thich Nhat Hanh
Lächle deinem eigenen Herzen zu
Wege zu einem achtsamen Leben
Hrsg. von J. Bossert/A. Meutes-Wilsing
Band 4370
Die einfache, tiefe Botschaft an Menschen, die in der Hektik des Alltags beim Gehen schon ans Rennen denken.